《百年巨匠》编委会

总 顾 问：蔡 武　胡振民　龚心瀚　王文章　胡占凡

顾　　问：靳尚谊　范迪安　王明明　吴为山　沈 鹏　苏士澍

　　　　　吕章申　尚长荣　蓝天野　濮存昕　傅庚辰　莫 言

　　　　　傅熹年　张锦秋　张保庆　顾明远　张伯礼　黄璐琦

　　　　　杜祥琬　齐 让　鲁 光

《百年巨匠·教育体育篇》编委会

学术指导：王学军　方惠坚　刘璐璐　李 祥　宋以庆

　　　　　张 健　陈洪捷　商金林　储朝晖（按姓氏笔画排序）

主　　任：袁小平　杨京岛

主　　编：陈 宏

编　　委：陈汝杰　李萍萍

统　　筹：裴永忠　梁 辉　董思远　杨 洋　王晓红　李逸辰

编 辑 组：蔡莉莉　曾 丹　金美辰　杨 珺　王慧雅　张栩彤

纪录片编导组：刘卫国　刘占国　刘立钢　孙秀峰　吴静姣　张建中

　　　　　　　贾 娟　高 天　郭 鹏　郭奎永（按姓氏笔画排序）

百年巨匠
Century Masters

蒋南翔

陈宏 曾丹 雅琼 编著

外文出版社
FOREIGN LANGUAGES PRESS

蒋南翔 / 力争 作

破阵子·蒋南翔

忍看书桌难放,
一呼心碎金瓯。
鸿雁高翔惊振翅,
千万学人壮志酬。
报国意未休。

心记树人大计,
清华几度春秋。
簌簌风吹宏论纸,
耿耿灯陪深邃眸。
名同大道留。

凯文 词

宣传巨匠推广大师 为时代树立标杆

蔡武

原文化部部长 《百年巨匠》总顾问

文化精品创作工程包括重大出版工程、影视精品工程。《百年巨匠》就是跨界融合的一个重大文化工程，它深具创意，立意高远，选题准确、全面，极富特色，内容精彩纷呈，内涵博大精深，基本涵盖了我国20世纪这一特定历史时期在文学艺术方面的成就及其代表人物。它讲述的不仅仅是各位巨匠的传奇人生，更是他们的文学艺术成就同民族、国家，同历史、文化，同当代世界，同20世纪风云激荡的年代，以及同人民的命运都是紧密相连的。他们的成就对整个社会产生了重要而深远的影响。因此，立足21世纪的当今，系统全面科学解读巨匠人生与大师艺术，有着特殊而积极的意义，是社会和时代的要求。

作为一个有影响力的文化品牌，《百年巨匠》的表现形式也是多样的。《百年巨匠》丛书和纪录片互动互补，是出版界与影视界的跨界合作与融合发展，形成了叠加影响和联动效应，进一步丰富和扩大了品牌的内涵和外延。在信息社会"四屏"时代，用这样的一种方式来表达重大深刻的主题，具有重大的创新意义，是对中华优秀文化传承发展进行创造性转化、创新性发展的成功探索。体现出强烈的历史感、时代性、民族性，具有鲜明的中国特色，必将产生深远的影响。

一个民族自立于世界民族之林，离不开民族的自信心与自尊心。而民族的自信心和自尊心有其思想基础和人文轨迹，即对民族文化的重要代表人物和优秀传统应当有比较全面的了解并进行广泛传播。一个国家的历史需要记录，文化艺术同样如此。《百年巨匠》丛书秉承文献性、真实性、生动性原则，客观还原大师原貌，以更为宏阔的历史维度对大师们所经历的时代给予不同视角的再现和解读，为读者开启一扇连接20世纪中国近现代文化艺术史的大门。

巨匠们的艺术成就、人生经历、精神高度，彰显了中华民族文化在这个时代所能达到的高度，不仅有文学艺术上和文化史上的价值，而且有人文思想美学上的划时代性贡献。《百年巨匠》可以增强我们的文化自信和实现中华民族伟大复兴的意志。

《百年巨匠》还有一个重要意义，它能够激励我们后来人砥砺奋进，勇攀高峰。这些文化艺术巨匠有着深厚的爱国情怀和强烈的民族责任感，他们将个人荣辱兴衰与国家、民族命运联系起来，用文化艺术去改变现实，实现理想。在新旧道德剧烈冲撞中，他们所表现出来的高风亮节是后来人的楷模。他们所传导出的强大正能量，会激励一代又一代广大读者，对促进我们整个民族新一代的教育与成长，有着非常重要的启迪意义。他们的精神是引领和鼓舞我们再出发的航标与风帆。

《百年巨匠》也给了我们很多的启示，可以帮助我们回答和破解"钱学森之问"。20世纪产生了那么多的大师，新世纪、新时期我们应该如何助推产生出新的大师？这些巨匠的成长轨迹给我们揭示了大师们成长的规律，如要深具家国情怀，要胸怀高远理想；要深深扎根于人民，与人民同呼吸共命运；既继承民族优秀传统文化，又要勇于创新；并以非常包容的心态去拥抱一切文明成果等。

《百年巨匠》仅反映了20世纪百年的文化形态和人文生态，我们应该把这个事业延续下去，面向21世纪。对艺术大师的发掘是通过他们的作品来体现的，而他们的作品既是中华文化的传承，又进一步丰富、创新了中华文化的构成。从这个意义上讲，宣传这些艺术巨匠就是弘扬中华文化。这些艺术巨匠作为中国名片，拥有较强的国际影响力，这一工程的推进，可以有效推动中华文化和中国出版走出去。不仅仅局限于艺术领域，还可以从广度上、外延上扩大至整个文化领域，甚至把科技、教育等领域的巨匠们也挖掘展示出来。

一个国家文化事业的繁荣与发展，既需要广大艺术家的努力，也需要大师巨匠的引领。宣传巨匠，推广大师，为时代树立标杆，无疑是我们责无旁贷的历史责任。巨匠之所以是巨匠，大师之所以能成为大师，是因为他们以具有强烈时代感和创新精神的作品站在了巅峰。而他们巨作的背后，是令人钦佩的工匠精神，这种工匠精神的发掘和弘扬在当下具有重要的现实意义。同时，这百年的文学艺术史已有的众多成果，从学术上也要系统总结。而长期以来一直困扰我们的一大难题，就是如何把这些重要的学术研究成果进行转化和再创造，使之成为可被大众接受、雅俗共赏的精品佳作。从这个意义上讲，《百年巨匠》丛书的出版也是非常值得赞许的。

当前，我们的文化艺术事业虽然取得了长足的进步，但是相对于时代的重任，人民的厚望，尚有作品趋势跟风、原创性匮乏、模仿严重等问题，希冀大家在《百年巨匠》作品中得到更多的启迪和感悟。

我们国家正处在重要的历史时期，为我们文艺创作提供了丰沃的土壤和广阔的空间。中华民族的伟大复兴，呼唤一切有为的文艺工作者，为繁荣中国特色社会主义文化、建设社会主义文化强国，奉献毕生的才华和创作热情，将高度的社会责任感和历史使命感化作文艺创作的巨大动力，创作出无愧于时代、无愧于祖国和人民的优秀文艺作品，让我们这个时代的文艺创作异彩纷呈，光耀世界。

弦歌不辍 薪火相传

——《百年巨匠·教育体育篇》丛书序

袁小平

中国教育电视台台长
中国广播电视社会组织联合会副会长

如果说文明是一条奔流不息的大河,那么教育就是文明的河床。国人对教育的重视与五千年文明史相伴始终,从春秋时期的诸子百家到顾炎武、王夫之等近代学者,教育先贤们构筑起中国古代独具特色的思想教育体系,在一次次选择和传承中,对社会和文化发展产生了深远影响。

教育不仅在选择和传递文化,同时也在创造和更新文化。近代以来,中国的教育家群体一直面临两个不容回避的问题:一是如何适应世界教育发展趋势,服务于"教育救国"需要,建立近代意义上的教育体系;二是如何保持教育的民族性,建立中国化的现代教育体系。

面对时代赋予的重任,蔡元培、张伯苓、陶行知、蒋南翔、吴玉章、马约翰、叶圣陶等教育大家各抒己见,创造出中国近现代教育一个百家争鸣的开端:蔡元培的"思想自由、兼容并包"、张伯苓的"允公允能,日新月异"、陶行知的"生活即教育,教育即生活"、黄炎培的"大职业教育主义"、蒋南翔的"为祖国健康工作五十年"……

　　这些主张有的直指"读书只为考取功名"的传统功利思想，有的努力破除知识只被少数人掌握的藩篱，有的激励救国热情，有的深刻影响着中国体育教育发展……他们在国家蒙辱、人民蒙难、文明蒙尘的至暗时刻，写下中国教育由传统向现代转型的开篇，照亮了中国教育的前行方向。时至今日，我们仍能看见这些教育思想流淌在小学、中学、大学的课堂内外，流淌在办学模式、管理体制、保障机制等方方面面，流淌在国人对教育的美好愿景中，为建设高质量教育体系、发展素质教育、促进教育公平输送着源源不断的灵感。

　　世界正面临百年未有之大变局。当我们又一次站在历史的十字路口，新时代新征程的使命任务促使我们去思考，培养什么人、怎样培养人、为谁培养人。而对于每一个关心教育领域、渴望获得教育亦或躬耕教育事业的人，教育先贤们简单的一句话，或是简短的一个故事，都可能成为我们与历史和时代共鸣的契机。

　　社会变迁、文明转型带来了日新月异的变化，也给教育带来了更大挑战。即使是在今天，中国已经建成了世界上规模最大的教育体系，也不得不承认仍有许多问题需要去回答、去实践。正因为如此，回望来路才显得格外富有意义。

　　诚然，世界上没有可以奉为圭臬的金科玉律，丰富的教育遗产也需要客观评估，取其精华，创造性地继承和使用。但可以肯定的是，蔡元培、张伯苓、蒋南翔、吴玉章、陶行知等教育先贤们的精神和他们把个人教育理想融入民族历史进程的实践，足以激励后来者不断向前，以无限智慧和勇气直面今天教育发展中的诸多问题。

　　投身教育事业的人众多，为何他们能称为巨匠？不仅在于他们在教育现代化转型中拓荒先行，也不仅在于他们的教育思想仍然熠熠生辉，还在于他们身上"心有家国情怀、肩挑国家责任"的教育风范仍然山高水长。

　　为深入贯彻落实习近平总书记关于教育家精神的重要讲话精神，中国教育电视台联合中国文学艺术界联合会、中国文学艺术基金会、百年巨匠（北京）文化传播有限公司，策划制作了弘扬教育家精神的大型人物传记纪录片《百年巨匠·教育体育篇》。该片于2024年全国两会期间，从3月4日起在中国教育电视台晚间黄金时段重点播出，其后陆续在学习强国、中央广播电视总台等主流媒体播出。

　　纪录片《百年巨匠·教育体育篇》，讲述蔡元培、陶行知、黄炎培、吴玉章、叶圣陶、马约翰、蒋南翔、董守义等著名教育家（含体育教育家）的生平事迹、教育活动、教育思想、教育贡献、历史影响，以及对今天的启示，展示他们"学为人师，行为世范"的教育情操和人格魅力，讴歌他们教育救国、教育强国的家国情怀和理想信念。

　　本着对先辈的敬重和对历史的尊重，摄制组在拍摄之初就提出了"见人、见事、见物"的创作理念。制作团队走访了世界各地与纪录片《百年巨匠·教育体育篇》中人物有关的众多红色遗址、旧址及纪念设施，深入拍摄名师巨匠的故居、纪念馆，还专程拜访了相关的历史专家、研究员、亲历者，以及大师们的亲属和后人，通过实地走访与口述历史等方式，挖掘出大量具有生活温度、情感浓度以及思想深度的史料细节，并通过多种渠道拍摄、收集和整理了大量的文献资料、遗物、遗存。很多首度揭秘的珍贵历史档案，不仅让观众知晓了许多此前不为人知的历史细节，这些不为人知的幕后付出，也让这段历史故事不再只是一堆冷冰冰的资料，而是有了超越文学书籍和虚构影视作品的感染力与震撼力。由马约翰先生的夫人亲手缝制的西南联大唯一的一面校旗，仍然珍藏在西南联大博物馆中，诉说着中国高等教育史上西南联大八年扎根边疆、学术报国的历史往事。

与目前反映教育家的多数作品不同的是，纪录片《百年巨匠·教育体育篇》注重讴歌对新中国高等教育作出重大探索和重要贡献的红色教育家，如吴玉章、蒋南翔等。第九届全国人大常委会副委员长彭珮云同志，在接受节目组采访时深情回忆："1953年，清华大学实施由蒋南翔先生提出建立的政治辅导员制度，并选出了25人担任政治辅导员。他们和学生同吃、同住、同学习，负责班级的日常思想政治工作和党团组织建设工作，这样既有利于密切联系学生，深入开展思想政治工作，引导学生努力做到'又红又专'，又为国家培养和输送了一批'又红又专'双肩挑的干部，南翔同志曾对他们说，年轻的时候做些思想政治工作，学些马列主义理论，将对终身有益。"曾任全国政协副主席的郝建秀曾回忆道："吴玉章校长给了我很多指导和帮助，他把我邀请到家中，专门做了重点辅导。"很多年后，当郝建秀一步步走上纺织工业部副部长、国家计划委员会副主任、全国政协副主席的岗位，这一段火热的求学时光无疑为一名年轻的纺织女工成长为共和国纺织工业的领导者铸造了坚实的教育之基。

教育乃"国之大者"。中国教育电视台作为唯一的国家级专业教育传媒平台，作为中国式现代化历史进程和中华民族现代文明建设的记录者、传承者、弘扬者，肩负着提高国民教育文化素质、促进广大青少年健康成长的使命。我们希望与其他合作机构一起让《百年巨匠·教育体育篇》能够成为一扇窗口，以有限的文字与影像，尽最大努力向世人展示教育大家们丰富的精神思想遗产。

故结此集，与读者共享共思。

重塑巨匠形象 重温巨匠精神

——《百年巨匠·教育体育篇》丛书出版说明

陈宏

《百年巨匠·教育体育篇》总编导

《百年巨匠·教育体育篇》丛书根据同名人物传记类纪录片拓展编著而成，目前正式推出关于蔡元培、陶行知、黄炎培、吴玉章、叶圣陶、马约翰、蒋南翔、张伯苓、董守义九位著名教育家（含体育教育家）的作品，讲述他们的生平事迹、教育活动、教育思想、教育贡献、历史影响以及对今天的启示，展示他们"学为人师，行为世范"的教育情操和人格魅力，讴歌他们教育救国、教育强国的家国情怀和理想信念。

一、背景意义

教育乃"国之大者"。教育在国家富强、民族振兴和社会发展中具有基础性地位；师者乃人类灵魂之工程师，承载着传播知识、播种文明和培根铸魂、塑造新人之时代重任。回望过去的一百年，特别是上个世纪的上半叶，教育在改造社会、教师在重塑国民的伟大社会革命实践中发挥了基础性和先导性作用。习近平总书记曾指出，教师是人类历史上最古老的职业之一，也是最伟大、最神圣的职业之一。在古代,孔子被推崇为"大成至圣先师",被誉为"万世师表"。在中华民族文明发展史上,特别是在近现代百年来中国教育事业发展的历史进程中,英雄辈出,大师荟萃,涌现出许许多多辛勤耕耘、涉猎广博、造诣精深的"大师级"教育家,不同程度地推动了中国社会历史的发展。随着岁月的流逝,如何将他们的教育实践、教育思想、教育成果、大师精神保存和传承下去,构建系统丰富的中国教育名家大师的教育人生档案和思想精神宝库,并使之成为滋养广大青少年的精神文化财富,是一项具有重要意义的文化教育工程。鉴于此,中国文学艺术界联合会、中国文学艺术基金会、中国教育电视台与百年巨匠(北京)文化传播有限公司携手联合相关单位及机构,勇担历史赋予的责任和使命,组织教育领域和影视领域相关专家学者,站在继承和丰富中国传统教育文化的历史高度,汲取国际先进教育理念,共同策划制作播出了大型教育(含体育教育)题材人物传记类纪录片《百年巨匠·教育体育篇》,获得了中国电视金鹰奖等十余个奖项,在社会上引起广泛反响。重塑大师形象,重温大师精神。这套丛书就是基于该部大型系列纪录片的基本视角、基本结构、基本内容、基本理念,从百年巨匠的维度,用习近平新时代中国特色社会主义思想以及习近平总书记关于教育的重要讲话精神为指导来解读中国著名教育家(含体育教育家)的人物传记作品。

　　高山仰止,金鉴万代。用纪实美学的方式编著在教育界有重大影响、有卓越成就的名家大师,激活、唤醒、重塑他们的人文情怀、爱国精神和理想信念,具有重要的历史文献价值和社会时代价值。这是中国教育事业发展变迁的历史见证,是无数教育人智慧与汗水的结晶,是给后辈留下的珍贵遗产,也是展示国家民族文明进步的窗口。这些资源可以为校园思想政治教育提供珍贵的教材教案,可以为新时代造就有品德、有品格、有品位的"大先生"提供宝贵借鉴,可以为培养中华民族伟大复兴栋梁之材提供精神滋养。

二、编著原则

总的来说,《百年巨匠·教育体育篇》丛书脱胎于大型系列纪录片《百年巨匠》,因此,这套丛书首先要处理好承继性。电视纪录片《百年巨匠》及其各系列同名书籍由若干篇章构成,像建筑篇、艺术篇、音乐篇等等,这些作品在出品方的要求下,已经形成了统一的风格样式,因此本系列丛书在大的纪实风格样式上不去打破。其次是要坚持创新性。有继承,也应有创新。不同系列作品一波又一波的主创团队在尊重《百年巨匠》基本风格样式的基础上,又不同程度地加入了自己的创见。而且《百年巨匠》创作已逾十年,过去的十年和新的征程,既有历史的连续性,又有新的时代特征,创作者理应紧密把握时代发展大势和教育发展趋势,创作出回应时代关切的作品来。本系列的创新主要体现在"致广大而尽精微":视野更加深远辽阔,观照中国历史和人类世界的教育大师和教育思想;谱写更加精准细腻,在教育强国、科技强国、数字中国、职业教育等领域发挥人物传记讲好中国故事、传播好中国声音的独特价值,使《百年巨匠》品质达到新高度。

具体来说遵循以下原则:

一是教育视角。丛书讲述的教育家(含体育教育家),他们大多具有多重身份，但这里主要讲述其教育身份的这一面，侧重从教育角度讲述他们的教育历程、教育理念和教育贡献，并从中勾勒出鲜明的性格特征，凸显其卓越的人格魅力、崇高的精神情操及深沉的家国情怀。对其教育身份产生重要影响的其他事迹也稍有涉及。

二是当代视角。任何历史都是当代史。充分运用最新前沿研究成果，挖掘和披露新的史料，用当代视角解读诠释这些教育家，力争在一定程度上填补历史空白，努力使该书对当下教育有启发；建立与当下生活的连接，注重引发年轻人的共情，用他们的教育情怀和精神情操引领、滋养今天的教育工作者和广大青少年学生。

三是准确权威。因为是在为国家民族巨匠画像，作品中的史料、提法、评述力求准确，经得起当下的和历史的检验。对转述其他专家评价，包括采访其亲属和身边工作人员的提法也力求翔实，避免对大师过分拔高，在定性表述上谨慎用词，并对别的文献中使用过的"之父、奠基者、开创者、唯一"提法，慎之又慎，多方考证再用。

三、创作风格

丛书采用人物传记体，进行具有创新性的纪实美学表达。每册统一体例，内容包括引子和主体故事，其中主体故事由若干小故事构成，形成有张力、有冲突、有温度、有思想韵味的人物传记。

将大师的个体人物历史融进国家史、民族史、教育史中，紧密联系当时的历史背景和时代特征，讲好家教与中国传统文化、传统教育以及国际教育理念的关系，增加文本的底蕴与厚度，着力表现他们在波澜壮阔的历史潮流中，献身于国家与民族的伟大情怀和创造精神。

聚焦大师人生历程的几个转折点，通过故事化、传奇性的叙述展现人物跌宕起伏的命运史诗。人物创作如果把握不好很容易沦为生平事迹的流水账式介绍，类似人物的"日记体"、年谱，同时，也不能变成艰深晦涩的学术罗列。要讲好故事，必须挖掘其人生历程中的人物命运感，凸显其悬念、冲突、戏剧性。当然，只讲故事不带出理念，也会使作品失去高度和特色。本书努力将理念寓于故事中，并使其成为推动故事进展的内在逻辑力量。

用艺术展示学术。坚持"用形象演绎逻辑、用艺术展示学术、用故事阐释言论、用客观表达主观"的原则，努力把隐形化、基因化、碎片化的学术观点、历史资料变成具象化、故事化的表达。以润物细无声的方式，将学术观点渗透到大量史料和感人的故事中，做到艺术性和学术性的有机统一：无生搬硬套之嫌，有水到渠成之妙。

人物生活化。改变对大师"高大全"形象的塑造，而是再现一个更加人性化、生活化的有血有肉的大师形象。力求将大师伟大的人格与细腻的情感统一在故事中，用以小见大、由近及远的表现形式梳理人生，展现大师的教育实践、人格魅力，让大师的故事更加贴近生活、贴近历史，在波澜壮阔的历史洪流中彰显大师的家国情怀与教育贡献，努力追求作品既反映历史真相又记录时代进程，使其具有较强的文献传承性、历史厚重感和时代感召力。

特别要说明的是，研究这九位大师的九位著名学者，他们既是同名纪录片的学术撰稿人，也是本系列丛书的学术指导。他们以专业的学术见地和学术态度为丛书贡献了甚至毕生的研究成果，其中中国教育科学研究院的储朝晖研究员作为本系列丛书学术专家的组织协调者付出了更多心血；同名纪录片的编导主创团队也为本书提供了大量一手采访素材，包括收集到的多种文献资料；九位大师的家人、亲友，同事、学生等，深情讲述了他们的故事，也为本书提供了若干史料。是大家共同谱写了九位大师的人生故事，共同奏响了九位大师的命运交响曲，在此一并表达谢意！还要感谢外文出版社的大力支持，感谢胡开敏社长的热情指导，感谢蔡莉莉主任高度的责任感和辛勤付出，使本系列丛书得以顺利付梓！

目　录

引　子　　　　　　　　　　　　　　　　　　　　　/ 1
第一章　孩子王的革命启蒙　　　　　　　　　　　　/ 7
第二章　在清华的热血时光　　　　　　　　　　　　/ 17
第三章　呼唤一张平静的书桌　　　　　　　　　　　/ 27
第四章　反逮捕斗争　　　　　　　　　　　　　　　/ 39
第五章　辗转南北　　　　　　　　　　　　　　　　/ 47
第六章　赴任清华校长　　　　　　　　　　　　　　/ 57
第七章　因材施教　　　　　　　　　　　　　　　　/ 71
第八章　"双肩挑"的辅导员　　　　　　　　　　　/ 83
第九章　两种人会师　　　　　　　　　　　　　　　/ 95
第十章　硬"核"教育计划　　　　　　　　　　　　/ 105
第十一章　电子计算机的"零到一"　　　　　　　　/ 119
第十二章　"真刀真枪"的毕业设计　　　　　　　　/ 129
第十三章　为祖国健康工作五十年　　　　　　　　　/ 143
第十四章　"六十条""五十条""四十条"　　　　　/ 155

第十五章	老骥伏枥，志在千里	/ 165
第十六章	重回教育一线	/ 177
第十七章	留学教育的破浪者	/ 187
第十八章	全面教育，全面开花	/ 197
第十九章	功成身退	/ 207

| 参考书目 | / 217 |
| 编导手记 | / 219 |

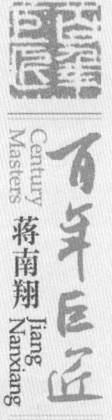

引子

清华大学校史馆的蒋南翔纪念铜像

引子

2023年4月27日，一位银发老者走进了清华大学，鲐背之年的他依然精神矍铄，步伐矫健地行走在朝气蓬勃的校园里。丁香素雅，紫荆似锦，清华园"水木清华"匾额两侧木柱上的"杏轩联"笔墨生辉，书写着"槛外山光历春夏秋冬万千变幻都非凡境，窗中云影任东西南北去来澹荡洵是仙居"，"杏轩联"中的意境令人神往，又仿佛诉说着过去那些非凡的历史。

老者自1950年考入清华大学土木系，从一段风起云涌的峥嵘岁月走来，见证了这里七十多个春夏秋冬。此时的清华校园里，暖风和煦，芳草萋萋，老者在学生们的欢声笑语中感受着一代学子的活力和朝气，怡然自得地走进了清华大学主楼。

今年是清华大学"双肩挑"政治辅导员制度建立70周年，在清华大学的主楼召开了纪念大会。

"辅导员校友您好，欢迎您回家！请您在签名册上签到。"

志愿者们热情接待每一位到场的辅导员校友，老者在接待厅的签到处停下脚步，写上了名字——方惠坚。

1953年，蒋南翔到清华大学担任校长不久，就创造性地建立了辅导员制度。方惠坚当时正是大三学生，他幸运地被蒋南翔选中，成为清华的第一批政治辅导员。辅导员制度走过70年的风雨历程，辅导员的身份也伴随了方惠坚整整70年，如今已是九十高龄的他依然清楚记得蒋南翔校长的一句话："一个人年轻时担任一些政治工作，树立正确的思想方法和工作方法，对今后一生的工作都会有好处。"

方惠坚在担任辅导员的过程中与学生们共同生活和学习，培养了无数生活、学习和思想全面优秀的学子。1993年时，方惠坚已是清华大学党委书记，他还保持着担任辅导员时养成的工作习惯，时常与一些学生干部进行座谈交流。有一次，方惠坚跟力学系的一个团支部书记聊天，他细心地问到了学生们现在一周上几次晚自习，团支部书记说他们每周上两次自习，其他晚上经常被各种会议占据，星期天晚上还有党课学习。方惠坚十分惊讶，学生们白天上课，学习主要靠晚上，当下的学习安排显然已让学生们的负担过重。方惠坚便很快与其他领导商议出了减负的教学新方案。

清华老校长蒋南翔在1962年的《在高等工业学校教学工作会议上的讲话》中，重点提出："精选内容，目的是使学生真正学到手。吃饭吃得恰到好处，就能够消化，吃得过多了，就会拉肚子。学习也是如此，功课学得太多，不仅消化不了，而且要'败胃口'。"

在清华政治辅导员制度建立70周年纪念大会上，毕业于清华大学核研院的郝琛做了一番真挚发言，他在工作的9年时间里，一直在核物理反应堆这个研究方向上坚守。六十多年前，蒋南翔校长克服重重困难，主持建造了我国第一座自主研发的核物理反应堆，由此开启了清华大学的硬"核"教育，核物理反应堆的实验基地后来演变为清华大学核研院，为国家培养了一大批核物理人才。如今的郝琛一直在一线的教学和科研中，他培养出的五十多名学生全部投身到了核领域的工作中，他们带着清华的硬"核"精神攻坚克难，不断突破关键技术，成为研究领域里的中坚力量。

俞凯在会上谈及他的辅导员经历时，表示自己的很多能力、意志和动机都是来自之前学生工作的叠加和传承。他回忆起在自动化系读书时，担任求是学会的副会长，他常与一群志同道合的同学在汽车系团委办公室里畅谈理想和家国大事，他们常常聊到深夜，再意犹未尽地爬窗户回到24号楼宿舍。这段经历给了他很多政治思想上的影响，为他成为"又红又专"的双肩挑政治辅导员打下了牢固的思想基础。双肩挑的辅导员，一个肩膀挑业务，一个肩膀挑政治，业务要专业，政治思想要"红色"，即是蒋南翔要培养的"又红又专"的优秀辅导员。

座谈会持续了整整一个下午，辅导员校友们的分享，处处展现出清华大学一脉相承的思想理念和精神风貌。担任过机械系辅导员的隋少春在成飞工作了13年，他在那段工作时间里，坚持在一线担任了四年的技术员，用敢于坐冷板凳的精神，坚守在基础性的工作岗位上。随后，汽车系毕业的郭谦抛出了"健康工作五十年"的话题……

清华大学的主楼里，掌声、笑声此起彼伏，一个个清华校友回溯过往，从双肩挑辅导员，到"少而精"的教学理念，有人讲到了"又红又专"的思想，有人分享起核教育的成果和自动化系的故事，还有人聊起了"为祖国健康工作五十年"等话题。他们的言语间、故事里都离不开清华大学的老校长蒋南翔，蒋南翔的教学理念、政治思想、教育改革，甚至金句名言都极其深远地影响了清华大学七十多年。今年不仅是政治辅导员制度建立70周年、清华大学建校112周年，也是蒋南翔校长诞辰110周年。

"真刀真枪"做毕业设计是蒋南翔在1958年推行的创造性教育改革，而举办这场座谈会的主楼，正是清华学生在毕业设计时完成的一个校园作品。政治辅导员制度70周年纪念大会在这里举行，也是对老校长蒋南翔双重含义的纪念，这场意义深远的纪念会，更像是辅导员们的一场职业答辩会。

距离主楼不远处便是清华大学校史馆，一尊蒋南翔的金色铸铜半身像正立在校史馆展览大厅中，他宽阔的前额凸显着睿智，和蔼的目光流露出慈祥，他仿佛倾听着隔壁主楼里清华校友和辅导员们的"答辩"故事，也仿佛追忆着自己那段非凡岁月里的精彩人生。

百年巨匠 Century Masters 蒋南翔 Jiang Nanxiang

第一章 孩子王的革命启蒙

高塍镇是江苏宜兴的一个水乡小镇,青黄石皮铺就的小街弯弯曲曲,潺潺水波上,石拱桥倒影斑驳,这里就是中国教育部原部长、清华大学校长蒋南翔先生出生的地方。

1913年9月7日,在高塍镇务农的蒋焕坤喜得第二子,男孩的诞生意味着这个家庭将会多一个壮劳力,他非常高兴,为男孩取名蒋南翔。

蒋南翔从小天资聪慧,有惊人的记忆力,凡是他经历过或是看过的东西,都能记得清楚且牢固。他六岁时就被送去高塍小学读书,他勤奋好学,善于思考,喜爱古典文学,在课堂上总是积极提问,很受老师喜爱。在这段求学过程中,蒋南翔求知的心获得了极

蒋南翔家乡

大满足。

那时的蒋南翔在邻里乡亲中还颇有一番"影响力"。宜兴市高塍镇文化站原站长杜乃立是蒋南翔的邻居,他的住处与蒋南翔家只有一家之隔,一提到小时候的蒋南翔,他毫不犹豫地奉上了一个"尊称"——孩子王。

在简陋的篮球场上,时常可以看到在飞奔、运球、投篮的蒋南翔,到了晚上,蒋南翔喜欢玩游戏、打擂台。在擂台之上的蒋南翔胜了不下台,败了不气馁,后来斩获了一个"擂台大王"的称号。

精力旺盛的蒋南翔用丰富多彩的体育活动充实着他的课余时间,活跃在各种运动和游戏活动中的他颇有一番小将风范。蒋南翔在这群孩子里,年龄不是最大的,说话却极有分量,他小小年纪,就显露出极强的领导力。在学校里的蒋南翔和同学亲如兄弟,很有号召力。邻居们对这个孩子王的评价很高,认为他长大后,必将有一番作为。

蒋南翔有一个快乐学习和自由成长的环境,是父亲全力支持的结果。父亲蒋焕坤小时候只念了两年私塾,就辍学参加劳动。他经历过幼年失学的痛苦,就不愿让孩子们再尝到其中滋味,他一直省吃俭用,拼尽全力供养蒋南翔弟兄几人读书。后来,大哥蒋南松考上了上海公学法律系,三弟蒋南群考上了四川大学农学院,蒋南翔则考上了清华大学。

蒋南翔共有兄弟姐妹六人,除了大哥蒋南松和三弟蒋南群外,蒋南翔还有两个姐姐、一个妹妹,由于家里有重男轻女的思想,父亲并没有让蒋南翔的姐妹们上学读书。大姐蒋瑞玲和二姐蒋瑞璋都顺从父母的安排,嫁人后一心操持家务,成了贤妻良母,唯有小妹蒋寒梅敢于发声,反抗不公的旧思想!

"爹娘偏心,男孩子能上学,为什么女孩子就不能上学,实在太不公平了。"蒋寒梅向二哥蒋南翔抱怨。

蒋南翔赞许小妹的反抗精神，还表明了态度："这是封建思想，家庭男女不平等，我们兄弟都是反对的。"

蒋南翔一直把妹妹上学的事记在心上，除了在言语上安慰小妹，他还在暗地里帮妹妹争取合理的权利。他三番五次去找父母理论，给他们做思想工作，最终，蒋南翔的努力总算有了回应，父母同意让蒋寒梅上学读书了。

不久之后，蒋寒梅顺利进入高塍小学读书，与二哥蒋南翔从反抗封建思想的战友变成了学习知识的校友。蒋南翔在欣喜之余，仍不忘细心叮嘱妹妹："上学后，你要懂礼貌，勤奋读书。"

蒋寒梅回忆家人时说："那时大哥对我只是严厉训斥，三哥好玩不管我，只有二哥南翔很关心我。他那和蔼可亲，谆谆教诲，音容笑貌，记忆犹新。后来我才知道，在我们家里多次争论，反对封建，都是南翔二哥发起的。"

1926年秋，蒋南翔从高塍小学毕业，这位邻居眼里的孩子王，改换了主阵地，来到了宜兴中学，他即将在新的成长阵地里迎接一场新的思想冲击。

宜兴中学历史悠久，前身为宜兴精一中学，"精一"二字来自《书经》中"惟精惟一"的古训，学校以"亲爱劳苦"为校训，以"亲其师，爱其友"，"劳乃体，苦乃心"作为全校师生的行动准则。这所学校学风浓，思想新，师生关系和谐，吸引了不少进步青少年到此求学。

宜兴中学有着良好的教学传统，学校在日常教学之余，还注重对学生的全面培养。学校设置的紫砂课、木工课、民乐课都深受学生们的喜爱，这些课程增强了学生的动手能力和实践能力，也培养了他们

宜兴县中学

的审美能力和创造力。

　　蒋南翔在这里很快找到了新的爱好。凡音之起，由人心生也，人心之动，物使之然也。蒋南翔被二胡上两条弦拨出的声音深深吸引了，这个始于唐朝的民族乐器发音圆润甜美，悦耳动听，近似于人的歌声，能演奏出细腻深沉、慷慨激昂、欢快活泼等多种风格的乐曲，极富表现力和感染力，蒋南翔受兴趣驱使，很快学会了这门乐器。

　　蒋南翔在丰富多彩的学习生活中快乐成长，然而随后发生的事，把他从单纯的世界里惊醒。现实生活的血腥和残酷猛烈地冲击着他单纯的心灵，他亲历的这段课本之外的故事，让他快速成长了起来。

　　1927年，蒋介石在上海发动了"四一二"反革命政变，大肆屠杀共产党员和革命群众，反动军阀的白色恐怖笼罩着全国。共产党员史乃康上任宜兴中学校长后，改革了学校的教学内容和方法。他在语文、历史和党义课上公开讲孙中山先生的思想，宣传联俄、联共、扶助农工的三大政策，组织学生走出校门去调查社会生活，了解贫苦农民受剥削和压迫的真实情况。

这一系列的思想宣传和实践行动感染了全校师生，学生们纷纷燃起革命热血，想要投身其中。10月10日，宜兴中学的学生在体育场举行纪念会，当场喊出了"打倒土豪劣绅"的口号，还高唱起运动会的会歌："趁此秋收的好时光，大家来啊！西城麓有广场，广场一片胜康庄。任尔歌，任尔舞，南山无复白额虎，世路崎岖多豺狼……"革命的星星之火在宜兴中学快速扩燃。

20天后，一场农民武装起义的革命行动开始了。宜兴中学的教师万益作为宜兴起义委员会总指挥，在蛟桥北边的县政府门口连开三枪，发出了起义的信号。"农民革命万岁""共产党万岁"的口号响彻全城，万益带领农军首先攻占了县署和警察局，控制了全城，最后，他在县署前召开了群众大会，宣布宜兴县有史以来的第一个苏维埃革命政权——宜兴县工农委员会正式成立。万益以工农委员会主席的身份发布了第一号布告"废除旧政权""一切权利归工农委员会"。

宜兴农民起义打响了江南秋收起义第一枪，国民党当局大为惊恐，他们立刻调集重兵对这次起义进行强力镇压。11月5日，万益等人在转移过程中不幸被反动武装组织逮捕，宜兴农民起义在敌强我弱的形势下，以失败告终。

而万益从被捕的那一刻起就做好了牺牲的准备，他在庭询之时，坚贞不屈，软硬不吃。国民党从他身上拿不走任何机密，能拿走的只有他的生命。11月22日，万益在宜兴县城体育场英勇就义，年仅25岁。

革命的硝烟在城里逐渐散去，但这些仁人志士的精神，却刻印进了无数人心里。蒋南翔不再是一心只读圣贤书的学生，革命的枪炮声

万益发动农民起义

在他耳边萦绕不去，仁人志士英勇就义时的画面在他眼前挥之不去。万益等革命志士的信仰没有被消灭，在他们倒下的那一刻起，革命的种子就播撒进了无数国人的心里，这颗种子在蒋南翔心里深深扎根，等待着突破黑暗的束缚，破土而出的一刻。

1929年，16岁的蒋南翔离开宜兴去镇江高中继续学业。在军阀林立的这段混乱时期，内忧不断的中国还面临着危及民族存亡的外患。

"十八日夜，月近半圆，高粱田一片漆黑。星光散去，天即将塌下来。"这是日本《文学昭和史》里的一段文字，所描述的正是九一八事变之夜。

1931年9月18日22时20分，盘踞在中国东北的日本关东军开始实施精心策划的阴谋。驻扎在南满铁路柳条湖附近的北大营官兵已进入深度睡眠。日本军方突然引爆了柳条湖附近的42包炸药，炸毁了日本修筑的南满铁路路轨，并嫁祸给中国军队。日军以此为借口，炮轰中国东北军北大营，制造了震惊中外的九一八事变，开始了日本长达14年的侵华战争。

九一八事变后，东北大片国土沦丧，国民党当局实行不抵抗政策，引发了广大热血青年的严正抗议。清华大学作出"对日经济绝交""团结北平各校，共同奋斗"的决议。燕京大学决定成立"东北同学抗日救国会"。北平各个学校的学生相继罢课，学生们纷纷走上街头，发出救亡图存的呐喊，他们抗议日本的侵略暴行，要求国民党政府出兵抗日。

9月25日的上海《申报》登出了学生发起的请愿消息："上海各大学生抗日救国联合会，昨假第三区党部开第一次干事会议……当场议决，推代表赴京请愿政府，即日集中全国军力，驱逐日兵出境。"

清华大学在内的北平多所学校的学生纷纷赶赴南京，共同向国民党当局请愿抗日。在北平学生的鼓舞下，天津、上海、济南、武汉、广州等地的学生也随之响应，他们陆续赶到南京，进行抗议示威。

蒋南翔所在的镇江中学也在请愿队伍之列，学生请愿团高举抗日大旗，准备启程奔赴南京请愿，希望蒋介石出兵收复东北。蒋南翔毫不犹豫地加入了请愿团，汇入了这股巨大的请愿洪流，与众多学生一起高喊出振聋发聩的爱国呼声。

蒋介石面对全国各地的学生请愿团，多次出面协商，想要平息事态。他曾当众宣布"诚意接受"大家的请愿诉求，但他从未有过出兵的打算，也不敢出兵，南京请愿活动最后以失败告终。

蒋南翔失落地返回了学校，回到了日常生活中。学生请愿活动结束了，但蒋南翔的爱国宣传没有结束。一个暑假的傍晚，夏日的余热还未散尽，蒋南翔和家人们在一起纳凉闲聊，他一谈起九一八事变，心中的怒火再次把周遭的空气烧得沸腾起来。日寇占领东北三省，蒋介石实行不抵抗主义，令他愤然，中国有些地区沦为殖民地、半殖民地，更是一场巨大的灾难和耻辱。

家人们受到蒋南翔的感染，对帝国主义的侵略行径极其愤恨。妹妹蒋寒梅听得格外认真，她当时在无锡市女子中学上初中一年级，正是大量学习知识和吸收新思想的年龄，蒋南翔的言论激发了她强烈的爱国之心，也潜移默化地影响了她的思想观念，引导她慢慢走上了革命之路。

蒋南翔不仅影响了家人，还把这拳拳的爱国之情传递给了更多人。每逢寒暑假，蒋南翔总喜欢穿着父亲的长袍马褂，走村串巷。他用反抗封建束缚的行为，试图唤醒同胞的民族意识，宣传抗日爱国思想。他不用长篇大论的文章，也不喊激烈空洞的口号，他就用这种真实又直接的方法去引发邻里乡亲的热议，让这些思想在更多人心里生动起来，深刻起来。

蒋南翔在南京请愿团的学生活动中，也收获了一份属于自己的深刻记忆。他在请愿的那段时间里，接触到了不少清华大学的学生，清华学子的风采让他印象极深，清华学子的精神令他备受鼓舞，蒋南翔想要成为他们一样的人，成为一个有智慧、有思想、有顽强斗志的人。

当时的清华名师云集，声望显著，先后有王国维、梁启超、陈寅恪、赵元任等学术大师执教，成就了一座汇聚无数人才的学术殿堂。蒋南翔开始对清华心生向往，他希望能到清华读书，学习更多的知识，更希望自己能成为有名的学者，改变积贫积弱的中国。

百年巨匠

Century Masters 蒋南翔 Jiang Nanxiang

第二章

在清华的热血时光

清华大学曾是清代的皇家园林，始建于1707年，那时名为熙春园。熙春园清幽雅致、风光怡人，作为康熙的行宫，与北京西郊的圆明园等五个苑囿共称"圆明五园"。到了1852年，熙春园东部改称"近春园"，西部得咸丰赐名改为"清华园"。这座景致如画的园林，没能一直延续昔日的繁华，在动荡的时局中逐渐荒废，变得黯淡无光，它在无数个冷清的岁月里无人问津，一直等待着恢复生机的一天。

1900年，八国联军侵华，清政府被迫与列强签订丧权辱国的《辛丑条约》，中国同意了本息合计为4.5亿两白银的庚子赔款，这笔分为39年付清的巨额赔偿里就包含了赔偿给美国的3294多万两白银。

1904年，美国向中国承认索取的赔款"原属过多"，最终同意退还部分赔款，但对这笔"庚款"的用途做了特殊规定，退回的"庚款"要用来"帮助"中国发展教育事业。美国提出让中国政府每年派出一百名学生去美国接受教育，他们要培养赴美的中国留学生，实则是想通过教育从知识和精神上控制中国的新一代青年，而留美学生日常学习的游美肄业馆馆址就选中了清华园。1909年，随着留学生校舍的建起，清华园终于旧貌换新颜，在学术气息和学生的朝气中重新绽放活力。

1911年，游美肄业馆正式更名为清华学堂，在1909年到1911年的三年时间里,学堂派出了三批留美学生,其中就有梅贻琦、胡适、竺可桢、赵元任、张子高等180人。清华学堂曾被称作"国耻学校",因此,这些留学生在学习世界前沿知识的同时,在精神上始终不忘"振兴中华"的求学使命,他们牢记初心,在赴美留学的无数个日夜中发愤图强,盼望早日为国家和民族贡献力量。

1911年10月,辛亥革命推翻了清王朝统治,结束了中国两千多年的封建君主专制制度。第二年10月,清华学堂改名清华学校,派遣的留美学生数量也在逐年增加。留学生们乘船远渡,看到了世界,也在努力看清中国未来的方向。

1914年11月5日,梁启超来到清华,以《君子》为题,进行了一场影响深远的演讲。"天行健,君子以自强不息""地势坤,君子以厚德载物",《周易》中描绘乾坤的两卦象辞被梁启超引用到演讲中,感染了无数人。此后,清华以"自强不息、厚德载物"作为校训,激励着一代代清华学子以博大的胸怀吸收新文明,以宽厚的道德担负起历史重任。

1928年8月,清华学校正式更名为国立清华大学。以"求中华民族在学术上之独立发展,而完成建设新中国之使命"为宗旨,治学严谨、师资雄厚的清华大学迅速成为了全国一流的高等学府。

1931年12月,清华大学迎来了任期最长的校长,他正是游美肄业馆的第一批留美学生梅贻琦。梅校长以非凡的智慧和教育理念,在清华发展历史上做出了重大贡献。

梅贻琦在就职演说中引用了孟子的话:"所谓故国者,非谓有乔木之谓也,有世臣之谓也。"他由此提出:"所谓大学者,非谓有大楼之谓也,有大师之谓也。"当时的清华大学广纳学有专长的名家学者来到清华任教,朱自清、闻一多、冯友兰、王力、刘文典、俞平伯、吴宓、金岳霖、邓以蛰、张荫麟、蒋廷黻、刘崇鋐、雷海宗、陈达、吴景超、潘光旦、李景汉、萧公权、陈岱孙、张奚若、吴有训、叶企孙、萨本栋、周培源、赵忠尧、任之恭、熊庆来、杨武之、郑之蕃、冯景兰、翁文灏、李继侗、陈桢、孙国华、周先庚、施嘉炀、刘仙洲、顾毓琇、马约翰等众多名师汇聚清华园，可谓是真正的"大学"之地。

1932年，正是清华大学大师云集的黄金时代，蒋南翔如愿以偿，考上了清华大学。他大步迈进了文学系的课堂，在文学世界里刻苦学习，自由思考，逐渐褪去学生稚气的他多了一份学者的内敛和沉稳。

蒋南翔在清华的第一学期，一直埋头读书，很少进城。在清华校友吴承明眼里，蒋南翔是个思考型的人，他总是九分沉思，一分表态，言语不多，但言必有中。他待人和蔼亲切，处世从容不迫，长年穿一件灰布袍，闲时喜欢拿出一把二胡，独奏一曲《平沙落雁》。

外国语文学系的何凤元、学哲学的张宗植与蒋南翔同是宜兴人，他们都曾去南京参加过学生请愿团。张宗植还在南京时与蒋南翔有过一面之缘，如今蒋南翔考入了清华，他就想着去拜访一下这位老乡。

张宗植和何凤元相约来到清华大学三院宿舍时，蒋南翔正在房间里安静看书。二人上前与蒋南翔寒暄几句后，就感觉到了蒋南翔的特别之处。这位个子中等、衣着朴素、戴着黑框眼镜的校友，是个坚毅热情但不形于色，话少静谧却诚恳质朴的人。

蒋南翔平时少言寡语，"静"是他的常态，而"动"也是他的常态。蒋南翔从小就喜爱运动，他到了清华之后依然保持着对运动的热爱。每天下午五六点，清华体育馆里总会出现蒋南翔的身影。他有时长跑，有时游泳，有时还玩学校里最受欢迎的运动之一篮球"斗牛"，

学生会干事合影，左一为蒋南翔

他一直在"动""静"结合的方式下健康学习，健康生活。

在丰富多彩的学习生活中，蒋南翔涉猎了大量的历史书籍，这也是他的兴趣所在。他常常被屈原、史可法、文天祥这些心怀国之大义的英雄所感动。他虽沉浸在浩繁的学业中，却深藏着一腔爱国热忱，从未忘记清华大学校门外中国内忧外患的时局。

1933年元旦，榆关失守、热河被日军占领、平津告急、国民政府签订《塘沽协定》等一连串丧权辱国的事情接连发生。国难当头，蒋南翔难以安坐在教室里，他很快加入了共产党领导的"社会科学家联盟"，还参加了读书团体"读书会"和"社会科学研究会"。他研读了大量马列主义著作，比如列宁的《国家与革命》、列昂节夫的《政治经济学教程》、华岗的《中国大革命史》等。蒋南翔与志同道合的爱国校友们在学习交流中共同成长，同时还会组织开展一些抗日爱国运动。

1933年10月，蒋南翔凭借坚定的理想信念收获了一个新身份，他在 1931 级历史系万金生（万愈）的介绍下，加入了中国共产党。

第二年，中共清华支部成立了公开招收会员的"现代座谈会"，蒋南翔所在的哲学组经常组织会员学习恩格斯的《反杜林论》和《辩证唯物论教程》等著作，同时邀请名师为学员授课。冯友兰教授以《在苏联所得的印象》为题向学生们谈起了他出国考察苏联十月革命之后的所见所闻，对学员们影响很大。

青年蒋南翔（左一）照片

冯友兰演讲的内容引起了国民党当局的恐慌，他们以反动分子的罪名下令逮捕了冯友兰。冯友兰被抓后，学生们不断抗议，学校也在想方设法进行营救，在众人的努力下，冯友兰最终获释，但此后的清华校园一直笼罩在白色恐怖之中。

自从日军进入山海关以后，国民党攘外必先安内、对日投降的行为让学生们的抗日情绪日益高涨。清华学生主办的校刊《清华周刊》以生动通俗的文字，介绍马列主义理论，宣传共产党的抗日主张，成了宣传反帝、发展社会科学研究的主要工具。

蒋南翔从 1934 年 11 月起，开始以南翔、翔、南风、穆文、燕亭、亭、江流、流、书安等笔名为《清华周刊》撰写文章，他发表的诸多文章不断激励着清华学生们积极投身到抗日救亡的运动中去。

张凤阁和张宗植负责《清华周刊》的编辑发行工作，两人动员了蒋南翔所在的"社联"和"读书会"的同学，请他们协助宣传，扩大校刊的影响力。国民党为了压制《清华周刊》的发展壮大，使出了非常手段。他们派特务秘密跟踪主编牛佩琮，试图绑架。最后，

《清华周刊》杂志

牛佩琮在诸多压力和威胁下,被迫离开学校,暂别了《清华周刊》的工作。

1935年1月,清华校园里接连发生了两次军警逮捕进步学生的事件,先后有30多位同学无故被捕,其中就有党支部书记何凤元。在国民党当局的打压之下,清华大学的爱国学生运动逐渐陷入低谷,组织也陷入了难以正常运行的艰难局面。

与组织失去了联系的蒋南翔仍在继续战斗,他不顾风险,公开出面发起募捐,筹款支援被捕的同学,他还赶去北平宪兵三团,探望被关押的"要犯"徐高阮和张宗植。

在山河破碎的危急局势下,组织受阻,同志被捕,蒋南翔无处宣泄的愤怒终于在笔尖爆发,他在1935年6月愤然写下了《对华北问题应有的认识》,发表在《清华周刊》第43卷第5期上。

日本之要攫取华北,自是有其客观的原因。在世纪末世界经济不景气的暴风雨震撼之下,先天不足后天失调的日

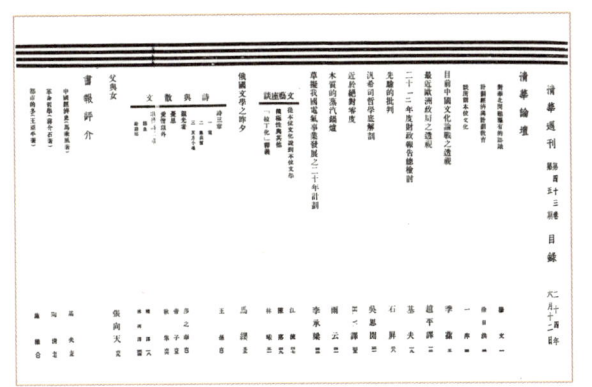

蒋南翔在《清华周刊》上发表《对华北问题应有的认识》　《对华北问题应有的认识》（1935年）

本资本主义社会，便首先遇到内部矛盾无法调和的命运，解决矛盾唯一的办法，便只有向外发展，由于地理上的接近和国势的积弱，遂使中国天然的成了我们"友邦"的"俎上之肉"，由关东而华北，也自成为很自然的路线了。

……

综上所述，可知我们的"友邦"对于华北是"一往情深"，必无放弃之理的；一切所表现的事实，也莫不如此告诉我们。而我们的政府对于华北又是力不从心，不能再来保护自己的领土和人民，年来的一切事实多是明证。然则，被抛弃了的人民们，假使不愿束手待毙，所可恃的，只有自己的力量了。

蒋南翔在文章中深入剖析了国内外的严峻形势，揭示了日寇侵华的必然性，对蒋介石的卖国行径直击要害，言辞振聋发聩，文章影响深远，极大激发了学生们的抗日热情。

1935年下半年，蒋南翔在学生会的竞选中，得到了众多进步同学的支持，当选为《清华周刊》总编辑。上一任总编辑牛佩琮为躲避国民党的迫害离开了学校，纵然清华大学里一直弥漫着令人窒息的白色恐怖，却掩盖不住爱国青年们的红色赤诚之心。蒋南翔无所畏惧地走上了抗日的宣传战场，冲向了思想阵地的最前线，他手执总编辑的笔杆子，让《清华周刊》成为即将到来的"一二·九"运动的重要舆论阵地。

百年巨匠 蒋南翔 Jiang Nanxiang

第三章 呼唤一张平静的书桌

"华北空气一度紧张之后,又复平静下去了。然而这种平静,是奠基在枪尖上,随时有破灭之虞的。"蒋南翔所写的《对华北问题应有的认识》,保持着对局势的冷静,也预示了平静破灭的时刻即将到来。

日本侵略者正在加紧侵占华北,他们要把国民党政府的势力赶出华北五省(河北、山西、山东、察哈尔、绥远),实现所谓的"华北自治"。1935年6月,日军在天津、河北等地制造事端,以武力先后迫使南京国民政府接受了"何梅协定"和"秦土协定",把包括北平、天津在内的河北、察哈尔两省的大部分主权拱手送给日本,为日本吞并中国华北打开了方便之门。

8月1日,中共中央发表了《为抗日救国告全体同胞书》,即著名的《八一宣言》,中央想用这份宣言号召全国人民团结起来,停止内战,共同抗日!

> 自民国二十年"九一八"事变以来,由东三省而热河,由热河而长城要塞,由长城而"滦东非战区",由非战区而实际占领河北、察、绥和北方各省,不到四年,差不多半壁山河,已经被日寇占领和侵袭了。田中奏折所预定的完全灭亡我国的毒计,正着着实行;长此下去,眼看长江和珠江流域及其他各地,均将逐渐被日寇所吞蚀。我五千年古国即将完

全变成被征服地，四万万同胞将都变成亡国奴。

我国家、我民族已处在千钧一发的生死关头。抗日则生，不抗日则死，抗日救国，已成为每个同胞的神圣天职！

1935年11月27日，蒋南翔在主持纪念周的集会时，向全校学生大会提出了"响应学联的号召，并参加游行示威"的倡议。右派学生在会上极力阻挠，导致这场会议无果而终，蒋南翔提出的游行倡议也无人支持。

但他没有放弃，他和同学们每天晚上都在分头走访同学，争取更多人的支持。同时，他们积极开展小型座谈会，邀请知名教授来讲时事，扩大影响力。蒋南翔紧锣密鼓地活动了一个星期，在12月3日的周会上，他再次执着地提出了上周末没能通过的提案。

经过一番激烈辩论，全校大会最终通过了《通电全国，反对一切伪组织、伪自治，联合北平各大中学校进行游行请愿的决议》，蒋南翔等人的抗日思想宣传工作取得了阶段性胜利。

12月6日，日本进一步策划"华北五省自治"，国民政府继续妥协，并准备于12月9日在北平成立傀儡政权"冀察政务委员会"，华北即将成为第二个"满洲国"。北平学联党团由此决定在12月9日这天，发动一次抗日救国请愿游行。

此时正在北平市工委工作的何凤元专程从城里赶回清华，他找到蒋南翔，邀请他在请愿游行之前起草一篇对外宣言。

蒋南翔当天晚上就躲进了清华一院的大楼里，藏进地下室的印刷车间，终日闭门不出。他怀着满腔的悲愤，写下了《清华大学救国会告全国民众书》：

亲爱的全国同胞：

华北自古是中原之地，现在，眼见华北的主权，也要继东三省热河之后而断送了！

这是明明白白的事实，目前我们友邦所要求于我们的，更要比二十一条厉害百倍；而举国上下，对此却不见动静，回看一下十六年前伟大的五四运动，我们真惭愧：在危机日见严重的关头，不能为时代负起应负的使命，轻信了领导着现社会的一些名流、学者、要人们的甜言蜜语，误以为学生的本分仅在死读书，迷信着当国者的"自有办法"。几年以来，只被安排在"读经""尊孔""礼义廉耻"的空气下摸索，痴待着"民族复兴"的"奇迹"！现在，一切幻想，都给铁的事实粉碎了！"安心读书"吗？华北之大，已安放不得一张平静的书桌了！

蒋南翔用了两三个晚上的时间，才完成了这篇一千多字的宣言。他深切地感受到华北人民正面临着亡国的威胁，地处北方前线的北平学生正在上着"最后一课"。蒋南翔一面写作，一面不能自已地流泪，执笔写下"华北之大，已安放不得一张平静的书桌了！"

12月7日，北平学联召开了各校代表会议，二十几所学校的代表共同商议请愿游行的具体安排，最终决定在游行当天，城内由东北大学领队，城外由清华大学和燕京大学带头进城。等所有学生队伍在西直门汇合后，再一同前行，直奔新华门，向《何梅协定》的签订者何应钦请愿。

学生请愿游行开始紧张的筹备工作，蒋南翔像陀螺一样，在各种宣传工作中高速旋转。王作民在《忆南翔》中这样回忆："到

清华园火车站

'一二·九'前夕，具体任务就越来越多起来，是他让我们去敲静斋每一个房门说：'明天早上五点钟大操场集合。'有时也从他那儿直接接任务，比如他将一卷标语条亲手交给我，我们几个黑夜摸到清华园火车站把五颜六色的写着'打倒帝国主义'等口号的纸条去贴在停在车站的货车上。火车将把这些口号带到遥远的地方去，冒着被逮住的危险也得去贴。那段时间，老蒋带领我们就像一只老母鸡领着一群毛茸茸的小鸡娃儿。"

8日晚，清华大学召开了全体学生大会，通知第二天一早进行请愿游行的具体事宜。燕京大学、东北大学、北平师范大学、中国学院、学联女一中等学校都进入了最后的筹备时刻，青年们积蓄已久的爱国热情，等待着黎明之后的集体爆发！

"打倒日本帝国主义""反对华北防共自治运动""停止内战，一致抗日"……

12月9日，清华大学和燕京大学近千名爱国学生，高喊着口号向城里出发了，他们情绪激昂，掀起了一股民族自救的巨浪。

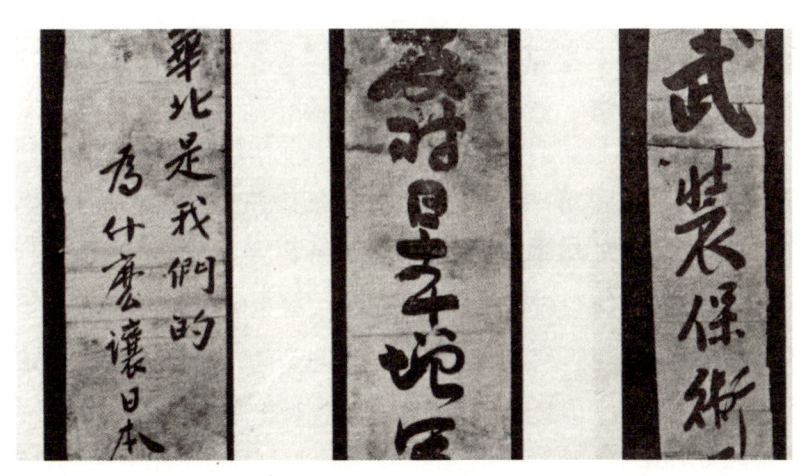

12月9日游行活动的口号标语

  清华大学和燕京大学离城三十余里，为了按时到达集合地点，两校的请愿学生五点就起床了。燕京大学的队伍由田间小路直奔西直门，清华大学的队伍沿着平绥铁路赶赴城内。

  一位参加游行的同学记下了当时的情景："风拼命地吹，打在脸上好似针刺。每双耳朵都冻着，红得像腊肉铺的腊肉。鼻子麻木着，鼻水流到口唇上还未觉得。脚底下常常踩到冻得坚石似的冰，险些滑了一大跤！可是吹吧，冻吧，到底冻不住我们的热血，吹不凉我们欲爆炸的心！"

  当学生队伍到达西直门时，却遇到了巨大的阻力，警察局事先获知了学生请愿游行的消息，早在核心街道布置了岗哨，并提前封锁了城门，控制了进城的校车。此时的西直门，城楼上下站满了荷枪实弹的宪兵和警察，这支武装力量拦住了所有的请愿队伍。

  学生们进不了城，原定计划被打乱，他们就临时调整策略，开始在西直门散发《告全国民众书》，并不断地振臂高呼："华北之大，已经安放不得一张平静的书桌了！"

城里的东北大学无法和城外的清华大学、燕京大学会合，只好开始单独行动。他们冲破了街口的封锁线，开始了浩浩荡荡的爱国游行。中国大学、北平师范大学等学校的门口早已被军警围堵，学生们巧妙地摆脱了包围，陆续涌上了大街。逐渐壮大的请愿队伍高举着旗帜，一路高喊抗日救国口号，最终抵达了新华门。

何应钦的秘书侯成被迫出来安抚学生，学生代表向国民政府陈述了"六项请愿要求"，同时要求政府打开西直门，让清华大学和燕京大学的队伍进城。但最终，国民政府也没有做出任何妥协。

各校代表决定改请愿为示威游行，游行的路线是先去西直门迎接清华大学和燕京大学的队伍进城，然后大部队一起从西单到东单，再去天安门举行学生大会。

清华和燕京的学生在城外与军警交涉了数次，仍然没有结果。学生们开始含泪高呼："中国人的城门，已经不许中国人进了！"

随即，"反对华北自治""打倒日本帝国主义"的呼声越发震耳欲聋。城外这支一千多人的请愿队伍保持着高昂的士气，他们一部分人在西直门外向民众和守城的军警进行抗日宣传，一部分人去了阜成门、西便门，试图寻求突破。

城内的学生到达王府井大街时，队伍壮大到了三千人。警察当局立即调来了大批警力，他们手持利刃和木棍，与学生队伍对峙起来。政府的消防队在胡同口摆好了水龙装置，一批日军沿街架起了机关枪。

游行队伍没有止步，示威仍在继续。消防队的高压水枪射向了手无寸铁的学生，此时正是数九寒天的时节，在冰冷刺骨的高压水击下，学生们开始奋力还击。他们与军警、卫兵展开了搏斗。最终，游行队伍被冲散，四十多名学生受伤，数十人当场被捕。

国民党当局实行了新闻封锁,北平各报社对"一二·九"的示威游行运动没有任何报道。而《世界日报》《北平晨报》却用一种特别的方式纪念了这次爱国运动,他们在"教育版"满版"开天窗",版面空白,没有任何内容,只是加入一些杂乱的广告,让所有的读者看后都心照不宣。

学生们没有放弃对"一二·九"运动的宣传,有的同学采访了全市学生的救亡活动之后,把稿子寄往了全国各地。清华救国会和学生自治会组织了纠察队、宣传队、情报队和广播队,他们自己安装了无线电发报机,用英、法、德、日四国文字向国外发送了"一二·九"运动的消息。很快,真实的"一二·九"示威游行运动出现在了《华北民讯》、上海《大众生活》以及《密勒氏评论报》等外报上。

1935年12月下旬,中国共产党中央政治局召开了瓦窑堡会议,确立了抗日民族统一战线的新政策。毛泽东在会议上做了《论反对日本帝国主义的策略》的报告,赞扬青年学生已经发动了一个广大的反日运动。他指出:"学生运动已有极大的发展,将来一定还要有更大的发展。但学生运动要得到持久性,要冲破卖国贼的戒严令,警察、侦探、学棍、法西斯蒂的破坏和屠杀政策,只有和工人、农民、兵士的斗争结合起来,才有可能。"

瓦窑堡会议充分肯定了"一二·九"运动,中央在决议中指出:"广大民众的革命义愤在全中国的一切地方酝酿着并已经在普及各城市的学生反日示威运动中表现出来了。"

毛泽东后来在各界纪念"一二·九"运动四周年大会的讲话中说,红军经过了万里长征,在一九三五年十月到达陕北吴起镇。当时敌人还在进攻我们。那年的十一月下旬,在富县我们还打了三个胜仗。在祝捷声中,在十二月十日,一听到北平"一二·九"运动的消息，我们心里好不欢喜，红军同志完成了这么伟大的长征，学生同志在北平发动了这样伟大的救亡运动，两者都是为解放民族和解放人民而斗争，其直接意义都是推动抗日战争。所以，"一二·九"运动在历史上讲，是抗日战争准备的一个非常重要的方面。

"一二·九运动"的余热未消，整个北平城很快掀起了罢课的热潮，一场更大规模的斗争正在酝酿。12月14日，北平报纸刊登了一则重大消息：国民党继续向日军妥协，打算在12月16日再次成立"冀察政务委员会"。国民党在民族利益面前一再退让，让中国殖民化的趋势日益加深。北平学联立即决定，在同一天再次发动示威游行，将学生抗日救国运动推向新的高潮。

蒋南翔抱着对祖国和人民的无限热爱和对敌人的无比愤慨，再次写下了一篇宣言——《一二·一六北平市大中学生示威宣言》。这篇宣言，只用了一晚上就完成了，他深切地说："这篇宣言很简短，但表示了北平学生面对反动派，不惜抛头颅、洒热血的决心。"

抗日救亡的宣言让无数北平学子的内心汹涌澎湃，有些同学在晚饭时，到清华二校门外的小桥饭铺痛饮，准备次日进城，与反动军警进行一番血战。

蒋南翔的清华同学熊向晖说过："蒋南翔是一支笔，他的文章成为动员千百万青年和人民起来参加抗日斗争的战斗号角。"

这次，清华大学的学生吸取了上次被阻隔在西直门外的教训，他们派出了一支先遣队，在示威游行的前一天就提前进了城。

12月16日，天刚蒙蒙亮，清华大学和燕京大学上千名学生高举着"全国人民自动武装起来""反对成立冀察政务委员会"的横幅，走向了西直门。

西直门依然城门紧闭，守城的军警全副武装，严阵以待。阜成门、西便门的城门同样关闭着。面对眼前的阻碍，学生们把心中的一腔怒火化为高昂的斗志，他们用血肉之躯撞开了铁门，冲向城里。

"反对脱离中央""反对华北特殊化"的口号响彻北平！沿途有热心人为学生们送水送食物，更有不少市民倍受感染走入了游行队伍，这个队伍逐渐壮大到了万人规模。

最终，各校队伍在天桥集合完毕，他们按照原定计划进前门，过天安门，最后涌向"冀察政务委员会"成立地点——东单外交大楼。

清华的游行队伍在宣武门受到了武力阻拦，一位名叫陆璀的女同学贴着地面爬了进去，她敏捷地把门栓抽下，高喊道："冲啊，进来呀！"

这时，十几名军警向她猛扑过来，拳打脚踢。陆璀无所畏惧，顽强反抗，最后，身受重伤的她被军警抓走了。

当时的美国记者斯诺正在现场拍照，他暗中跟随着陆璀到了警察所，并成功采访到了陆璀。斯诺离开警察所后，快速整理了这些最真实、最一线的采访稿件。

第二天，12月17日的美国纽约《先驱论坛报》在头版头条刊登了斯诺发布的消息，大标题是《5000中国人奋起反对日本统治，警察击倒60》，副标题是《北平学生被打，"贞德"被捕》。斯诺笔下的"贞德"就是陆璀，贞德是法国的民族女英雄，她解除了奥尔良之围，领导法国人民屡次战胜英格兰，是推动法国民族意识觉醒的重要人物。斯诺把陆璀誉为15世纪的法国民族女英雄，高度赞扬了陆璀奋不顾身的爱国行为。这篇报道迅速传遍了世界，引起了世界舆论的极大关注。

国民党反动派在这次镇压行动中，使用了水龙和大刀，比"一二·九"那次镇压得更为厉害，近四百名爱国人士受伤，二三十人被逮捕。

北平学生高举义旗，喊出了所有爱国人士的共同心声，令人振奋的是，"一二·九"运动和"一二·一六"运动迫使国民政府一再宣布"冀察政务委员会"延期成立。北平学生们的爱国义举推动了天津、南京、武汉等地的爱国运动，游行示威的热潮开始涌向全国。

蒋南翔在《我在清华大学参加"一二·九"运动的回忆》中说："《一二·九清华大学救国会告全国同胞书》和《一二·一六北平市大中学生示威宣言》反映了我在'一二·九'运动爆发之际的思想认识和救亡热情，或许也可以说在某种程度上反映了当时北平爱国学生的共同感情。"

百年巨匠 蒋南翔 Jiang Nanxiang

第四章 反逮捕斗争

轰轰烈烈的学生运动之后，全国各地的革命热情高涨，"一二·九"运动和"一二·一六"运动只是学生爱国救亡行动的开始。清华救国会、清华党支部、清华驻学联等组织对"下一步怎么走"进行了多次讨论，"下乡宣传"成为他们扩大宣传范围的首选途径。北平学联组织了平津学生南下扩大宣传团，他们的下一步，要往南方走，要往乡下走。

1936年1月，宣传团按照军事化的方式建立起了一个严密的组织体系，分为四个团，蒋南翔任第三团团长。各校参加南下扩大宣传团的人多是"一二·九"运动中的骨干和积极分子，共计500人左右。

清华大学的学生在体育馆前集合宣誓，吴承明高声领读了誓词："我们下了最大决心出发下乡，宣传民众，组织民众，不怕任何障碍，不惜任何牺牲，不达目的，誓不返校，谨誓。"

眼下正是平津地区最冷的时候，南下扩大宣传团的团员们都只穿了一身棉衣棉裤，带了一床薄军毯。他们分成四个团，轻装简从地出发了。

南下宣传的这群同学，多数都没去过农村，他们在这次下乡过程中，亲眼看到了农民的真实生活，深切认识到，仅有爱国心是不够的，还应该为解放这些被压迫被剥削的农民而奋斗，抗日救国必须和农民反对封建剥削的任务结合起来。

蒋南翔带领的第三团到达高碑店后，遭遇了警察的强力阻挡，警方强制要求他们解散团体，宣传团员们不为所动，他们知难而进，携手齐声回应："为了斗争，为了救亡，我们的集体决不能分散，坚决要求全团一起返回北平。"

警察步步紧逼，宣传团员们却没有半分退步的打算，双方陷入了僵持。最后，团员们顶着压力举行了最后一次全体会议。为了不让门外的警察听懂，团员们就改用英语发言。蒋南翔等人在会上提出成立中国青年救亡先锋团，这个提议受到了全团学生的热烈拥护。最后，他们组建了一个永久性的抗日团体，坚决与帝国主义斗争到底。

学生团体的这趟抗日宣传之路被警察阻断，整个学生宣传团被强行送回了北平，但是这个组织被完整保留了下来。南下宣传团第一、第二、第三团在北平会合后，把中国青年救亡先锋团与民族解放先锋队合并为中华民族解放先锋队，继续在反对帝国主义、反对封建主义、追求民族解放的路上一往无前。

1936年2月，面对日渐高涨的学生运动和抗日呼声，国民党继续施加高压政策。他们发布了《维持治安紧急办法》，给予军警逮捕爱国分子的权力，甚至给了军警枪杀抗日群众的权力。至此，南京、上海、武汉等地先后宣布政令，开始对学生运动实施严厉的军队武力镇压。国民党出动了几千名军警，开始了大逮捕行动。国民党对清华学生的这次逮捕是规模最大的，与清华学生的斗争也是最激烈的。

一张清华大学静斋宿舍平面图被学生发现，在这张平面图里，16个宿舍的格子里填上了16个进步学生的名字。可见，国民党特务已经盯上了他们，这件事瞬间引起了大家的恐慌。

面对学生们的不知所措，蒋南翔保持了一贯的冷静，他思索一番后，提议把平面图公开出去，将国民党的阴暗手段暴露在众人的目光之下。于是这张平面图被刊放在了宿舍门口的玻璃框里。此事一经传开，立即轰动了整个清华校园。

国民党的"暗箭"被折后，马上改换了"明枪"。2月29日深夜一点，400多名军警潜伏在清华园周围，等待出击的指令。这天是清华大学举办学期大考的日子，学生们都在梦中沉睡，为即将到来的考试养精蓄锐。

凌晨五点时，北平市警察局督察长钱宗超指挥部队跳墙闯入了清华大学，军警们快速包围了学生宿舍，他们手持特务学生提供的黑名单，径直冲进了宿舍，开始精准搜捕，名单上的第一个人就是蒋南翔。

蒋南翔当时住在二院，他听到外面的动静之后，就机警地跳窗出去，结果发现窗外也埋伏了人。蒋南翔看到埋伏好的军警朝他追来，撒腿就跑。熟门熟路的蒋南翔很快甩掉了军警，但当他跑到工学厅时，迎面就撞上了几个军警。蒋南翔寡不敌众，最终还是被他们合力抓住了。

蒋南翔被关进了西校门警卫室，没过多久，八级土木系的方左英也被绑了进来，两人彼此做了伴。方左英是最先发现军警纠察队的人，他第一时间吹响了哨子，提醒其他同学，结果自己却被军警当场抓捕。

军警的搜捕行动已经在全校扩散开来，蒋南翔和方左英在警卫室里等待着最新的消息，外面的世界还在沉默，但两人知道沉默只是暂时的。

学生宿舍被军警们严密包围，学生们被困在屋里，寸步难行。救国会的吴承明出面跟军警谈判，要求军警放大家去吃饭。经过双方交涉后，军警只同意了放一部分学生去食堂吃饭。

学生们到了食堂后，在军警的监视下各自吃饭。不久之后，一个工友跑到食堂，报告了二院有学生被抓的事。众人一听便猜到是蒋南翔，他们放下手中的馒头、包子，立即团结起来，向外围突破，去营救被抓学生。学生们奋力抵抗，最终冲破了军警的阻拦。几百名同学一面喊着口号，一面冲向西校门。

突围的学生队伍经过静斋女生宿舍时，楼上的女学生也跟着下楼，加入战斗。她们很快冲破了军警的围困，和学生队伍一起涌向西校门。

一些同学跑到西校门外，把停在门口的几辆警车的玻璃全部砸碎。工学院的学生还巧妙地拆掉了警车的重要部件，让车无法开动。吴承明、高宝琦、黄秋耘等人用石头和木棍与反动军警打了起来。

吴承明随后冲到警卫室门口，一脚踢开了大门。几个看守的军警看见学生们势不可挡的样子，纷纷拖着枪灰溜溜地逃出了门。救国会的女学生陆璀急忙掏出小刀割断蒋南翔身上的绳索，成功救回了蒋南翔和方左英等人。

四百名军警在清华大学一无所获，最后还被赶出了学校，颜面扫地的他们回去就造谣说："数百名共产党员在清华园暴动。"当天晚上，国民党当局派出了两个团的兵力，出动了二十九军大刀队、机枪连以及保安队等5000余人包围了清华大学。

清华党支部为应对此次的大规模逮捕行动，已提前做好了部署。蒋南翔躲进二院食堂的锅炉房，换上了工友老刘的衣服。他抹了一脸的煤灰，进行了一番面目全非的伪装。

军警也很快搜查到了二院食堂，兵来将挡水来土掩，灰脸工人蒋南翔处变不惊，气定神闲地游走在军警身边，甚至从容地给他们倒水喝，军警们竟毫无察觉。他们在食堂里来回找了一圈也没有任何收获，很快就离开了。

从2月29日晚上7点到3月1日凌晨5点，全校熄灯，整个清

清华大学体育馆

华大学与黑夜融为一体。军警在清华园里摸黑搜了一晚上，没有半点收获，每个宿舍，都是人去楼空。这么多学生，都躲到哪儿去了？

那晚，大多数同学都离开了寝室，集中睡在体育馆里。黄诚和姚依林躲到了文学院院长冯友兰教授家里。体育教师夏翔和国文系教授王力平时从不过问政治，两人在这天晚上也敞开了家门，迎接避难学生。

朱自清教授接纳了韦毓梅、韦君宜、王作民等六位女同学，他还细心叮嘱学生："如果进我的家来抓，你们就说都是我的侄女、外甥女。"很快，朱自清得到消息，军警搜到了图书馆，当时兼任图书馆馆长的他非常愤慨："堂堂国立大学，又没亡国，竟有这么多的军队带着机关枪跳墙进来搜剿，视学校管理如粪土，视大学学生为强盗，真是自古以来没听说过的事！"

天亮时分，军警们才发现体育馆的房上还有人，他们经过一番盘查，依旧没有找到名单上的学生。但为了交差，反动军警就胡乱抓了二十几名学生，把他们扔上汽车拉走了。结果，出现了戏剧性的一幕，其中一个被抓的学生，正是提供黑名单的国民党党员。五千多名军警用了整整一晚上的时间都没能抓到一个学生骨干和党员，反而抓了一个自己人。

华北当局抓不到人，只好改变逮捕策略。他们找到清华校长梅贻琦，要求梅校长直接交出包括蒋南翔在内的8个人。梅校长坚决拒绝，但他自知能力有限，只能无奈地暗中提醒蒋南翔等人："我保护不了你们了，你们自想办法吧。"

不久之后，清华救国会向梅校长陈述了真相，梅贻琦获知全部实情后立即发电报给南京行政院替学生说情。五千多军警突袭检查，逮捕学生，致使全校师生惊惶不安，他要求政府采取缓和处置的方式，不要再进行武力镇压。

"二二九"风波逐渐过去，何凤元仍担心国民党不会就此作罢，劝说蒋南翔去上海暂避。权宜之下，蒋南翔决定离开。他在清华大学化学馆、体育馆里东躲西藏了数日，完成了全部的工作交接，随后暂别了清华大学。

三月上旬，组织上安排王作民掩护，让她打扮成富家小姐模样，护送蒋南翔到前门火车站。在车站分别时，蒋南翔对王作民说了一番意味深长的话："'二二九'的行动是群众的行动，不管赞成我们的，还是反对我们的都参加了，才打退了几千军警。之所以能做到这一点，是因为清华有民主传统。梅校长不把我们交出去，也是出于民主传统。"

蒋南翔乘车顺利南下，他坐在火车上，看着沿途的景致，内心丰盈，独行如众。三月是万物复苏的时节，温暖重回大地，希望开始萌芽。

百年巨匠 蒋南翔 Jiang Nanxiang

第五章 辗转南北

20世纪30年代的上海，被称为"东方巴黎"。蒋南翔走在远东第一大都市的街道上，感受着这个城市的繁华，很快进入了新的角色，担任起上海抗日青年团江湾区区委书记，开始领导复旦、同济等大学的支部工作和爱国学生运动。

1936年8月，蒋南翔收到一封来自北平的信，何凤元在信中请蒋南翔回去主持工作。蒋南翔在清华大学还剩下最后一年的学业，如今国民党当局对学生运动的高压政策放缓，北平局势好转，归期已至。

蒋南翔收拾好行囊，离开了上海，回到清华大学复学。再回清华时，蒋南翔的重心从学业转到了各个组织的工作里。中共北平学生运动委员会成立后，蒋南翔被指定为北平学委书记。他同时领导着清华支部的工作，但大部分时间放在了领导北平学委和北平学联党团的工作上。

从成立北平学委到第二年的卢沟桥事变，在这十个月的时间里，北平学生先后经历了绥远抗战、援绥运动、西安事变、北平学生运动的分裂、卢沟桥事变等一系列大事，蒋南翔的工作也随时局的变化而做出各种应对和调整。

1937年7月7日夜，北平卢沟桥的日本驻军擅自在中国驻军附近举行所谓的军事演习。随后，日军谎称有一名士兵失踪，要求进城搜查。中国驻军严词拒绝，日军随即炮轰卢沟桥，发动了"卢沟桥事变",全面侵华战争爆发。

炮火震动了整个北平城,蒋南翔等人受中共北平市委指示,组织北平各校的学生进行大撤离。蒋南翔作为负责人,一直在为解决学生们的撤退和食住行等问题而日夜奔走。

全国局势日益严峻,南京逐渐沦陷,武汉成为实际上的战时首都。蒋南翔等人辗转来到了武汉,他们快速投入到新的工作中,开始了全新的战斗。蒋南翔主持了几件重要的工作,首先是召开全国学联第二次代表大会,商谈恢复学联的工作。同时,他协助杨学诚创立了武汉青年救国团,而影响力更大的还是第三件事。

蒋南翔使用救国会的一笔经费,开辟了一块宣传阵地,办起了《战时青年》半月刊杂志,以蒋南翔为首的"一二·九"战士们肩负起了推动全国救亡运动的重任。杂志发行了6000多份,成为抗战初期大后方的畅销教育杂志之一。

蒋介石早在抗战爆发后不久,就决定了迁都重庆。1937年12月,国民政府在重庆正式办公,重庆由此成为中国抗战时期大后方的政治、军事、经济、文化中心。以周恩来为首的中共中央代表团也迁抵重庆,相继成立了"中共中央南方局"和"八路军驻重庆办事处"。

1939年初,蒋南翔受周恩来的指派,来到重庆任南方局青委书记。他的工作主要是通过南方局的党内系统与所属的各省市的青委保持工作上的紧密联系;其次,还要与一些党外青年积极分子保持联系;第三,继续主持《战时青年》半月刊的工作,并主编《新华日报》副刊《青年》;第四,参加周恩来主持的南方局文委会议,并且加入八路军办事处的工作和相关活动。

大后方的青年运动核心是学生工作,随着全民抗战越发激烈,国内的学生运动在表面上并没有随之蓬勃发展,很多人不禁摇头叹息说:"现在的学生运动衰落了！学生工作再也没有什么重要意义了！"

蒋南翔却发表了另一种见解,他在1939年写下《论大后方的学生工作》一文,指出:

> 所谓学生运动是否衰落,是不能以学生运动的表面形态的消沉与否来加以判断,而是要以学生运动本身实际力量的是否增减以为判断的标准;更具体的说,就是要看有斗争觉悟的学生,其数量是否增加,其质量是否提高。因为这才是构成学生运动的最主要的基础。
>
> ……
>
> 第二,学生运动在抗战中的作用,比起"五四"运动和"一二·九"运动的耸动全国视听,一下子使整个的政治形势为之改观的功效来,似乎是太渺小了。由于这个理由,使得不少"胸怀大志"的朋友,认为今日的学生工作是无足轻重,他们对这种"不生不死"的工作不感兴趣,他们要作更痛快的更有重大作用的工作,觉得这样才不辜负了他卓越的才能和抱负。……对于这一类朋友,我们要冒昧地对他说:"朋友,你的想法错了！"
>
> 拿歌咏来比方,一个歌者在他独唱时自然是很容易显露其个人的才能的,但当他参加到一个合唱中间去之后,他就不应再作"自我表现"的要求了。同时我们更不能说这位歌者在独唱时对音乐的贡献是大的,而在其参加合唱时他的作用就渺小不足道了。相反地,我们知道:就音乐的观点说,完成一个大合唱是比完成一支独唱要有更高的价值的。

蒋南翔在对比中解析着五四运动和"一二·九"运动与当下学生

运动的精神性质，生动阐释着当下学生运动的宝贵价值：

> 在全国沉寂的空气中间单枪匹马杀奔出来的"五四"运动和"一二·九"运动，有如在静寂无声的群众中间突然响起一支出色的独唱，很自然地它在许多听不到任何音乐的观众面前马上博得了极大的信誉。但在全国各界逐渐从沉睡的状态中觉醒起来的情形下，特别是从全民族奋起抗战的事实实现以后，沉默无声的中国变成了遍地怒吼的中国，学生运动也从此不能再是这个沉寂的古老国度里的独唱，而只能是构成这个大合唱和音的许多旋律之一了。
>
> 在这个大合唱中，学生运动固然没有如过去单枪匹马独立作战时的那样露头角，但就对于革命事业的实际贡献而论，那么全国各阶层力量结合而成的大合唱，正要比学生运动单独作战的独唱来的更有价值得多。

"现在大后方的学生工作应该做些什么呢？"蒋南翔借用列宁的话来教导青年："学习、学习、再学习！"他也以此作为今日大后方学生工作的中心任务，发展着大后方的青年骨干力量，指挥着无数有志之士的"爱国大合唱"。

1941年，国民党掀起第二次反共高潮，在皖南有预谋地袭击中共新四军，制造了震惊中外的"皖南事变"。国共关系濒临破裂，蒋南翔接到命令，跟随大部分共产党从重庆撤退，奔赴中共中央在陕甘宁边区的革命根据地——延安。

蒋南翔来到延安之后接替胡乔木担任中共中央青委委员、中央青委宣传部部长、大后方工作组组长，负责研究和指导国民党统治区的青年运动及工作方针。

让蒋南翔欣喜的是，他与39名清华同学在延安重聚了。他们成立了延安清华同学会分会，并推选蒋南翔为总干事。他们将在这里，携手为革命积极贡献力量，发扬清华学子的精神风貌。

蒋南翔怀念在清华的青葱岁月，更怀念心系学生的梅校长，1943年7月，蒋南翔和曹葆华代表延安清华同学会向梅贻琦校长致函问候：

> 自离母校以来，生等极少机会晋谒先生并倾听教诲，但怀念之意未尝或已。……敬祝先生健康，并冀先生继续以清华传统之科学与民主精神，作育青年，以应中国当前抗战事业之迫切需要；尤祈国内民主政治早日实现，使各地清华同学都能欢聚一堂，互相切磋，共为建设新中国而奋斗，此实生等所无任企盼者也。

蒋南翔言辞挚诚，通篇流露出对梅贻琦校长的敬意，而他所期盼的"民主政治早日实现"和"清华同学欢聚一堂"，亦已不远。

1945年8月15日，日本宣布无条件投降，14年抗战终于取得了全面胜利。然而全国人民想要的"和平建国"只是奢望，蒋介石妄图夺取抗战的胜利果实，把枪口再次转向了共产党，国共陷入对立局面，第三次国内战争已不可避免。

大战在即，蒋南翔收到了更为艰巨的任务指派。党中央书记处书记任弼时同志召见了蒋南翔等人，指明了开展东北青年运动的重要意义："东北这个地方很重要，东北革命的胜利，将会加速中国革命的进程。东北青年在伪满统治下14年，他们有强烈的爱国心，但过去没有机会接触外面的世界，就像黑屋子里的人，骤然跑到阳光下面，一时不容易认清自己的方向。因此，我们很迫切地需要到东北去，做

全国第一次团代会，蒋南翔发表讲话

团结和教育东北青年的工作，提高他们的觉悟。"

蒋南翔毫不犹豫地接受了任务，他随即率领90多人组成的中央青委"五四工作队"赶赴东北，去推动东北的青年运动工作。

毛泽东同志在陕甘宁边区文教工作者会议上作了《文化工作中的统一战线》的讲话："我们的工作首先是战争，其次是生产，其次是文化。没有文化的军队是愚蠢的军队，而愚蠢的军队是不能战胜敌人的。"

三年解放战争时期，蒋南翔在东北开拓出了一个新的文化阵地，领导了东北的多次青年运动，开展了一系列爱国教育，培养出一大批青年骨干人才。

1949年1月，蒋南翔从东北局党报委员会秘书长的岗位上调回了中央青委。在中国新民主主义青年团第一次全国代表大会前夕，毛泽东同志接见了青年代表，其中就有蒋南翔。在这次召开的全国第一次团代会上,蒋南翔当选为团中央副书记,后任书记处书记。

蒋南翔极其重视团报的宣传作用,认为团报是一个团在建设中的重要武器。"一二·九"运动前后,蒋南翔主编过《清华周刊》,主办了《北方青年》等进步刊物,在抗战爆发后创办了《战时青年》,在重庆和延安主编过《新华日报》和《解放日报》的《青年》专栏,到东北创办了《辽北群众》杂志,领导过《哈尔滨日报》和《东北日报》的工作,全国解放以后领导了《中国青年》杂志和《中国少年儿童》杂志。

中国青年报

1951年,蒋南翔再次创办了一个全新的报刊——《中国青年报》。《中国青年报》逐渐发展壮大,影响了千千万万的人,成为继《人民日报》《工人日报》《解放军报》之后的全国第四大报刊,为新中国初期团的组织建设和思想建设做出了重要贡献。

1949年10月1日,毛泽东主席在天安门广场向世界宣告中华人民共和国成立。新中国的到来翻开了中国历史的新篇章,蒋南翔所经历过的封建桎梏、军阀割据、列强侵略都不复存在,他曾经呼唤的那张平静的书桌已成为现实,安放在千千万万个无限光明的教室里,而蒋南翔与这些书桌的缘分才刚刚开始……

百年巨匠 蒋南翔 Century Masters Jiang Nanxiang

第六章 赴任清华校长

1952年，蒋南翔再次面临工作调动，他有两个选择，一个是去政务院法制委员会工作，一个是去清华大学担任校长。蒋南翔于1932年考入清华大学文学系，在1936年的国民党大逮捕行动后，暂别了清华大学数月时间。1937年抗战爆发后，蒋南翔与举校南迁的清华大学再次分别。阔别母校多年，他时刻不忘清华人的精神风骨，无比怀念那段青葱岁月，怀念那片学术热土，他怀着激动的心情向领导打了报告，毫不犹豫地请求调回母校清华大学。

1952年的最后一天，一个身穿灰蓝大衣手提箱子的身影走进了熟悉又陌生的清华校园，39岁的蒋南翔受中央人民政府委派，正式赴任清华大学校长。

而蒋南翔眼前的清华大学在战火纷飞的年代里经历了太多故事。1937年，抗日战争爆发后，清华大学、北京大学、南开大学共同南迁长沙，三校合并组成了国立长沙临时大学。到了年底，南京沦陷，武汉告急，战火逼近长沙，长沙临时大学西迁去了云南昆明，于1938年4月2日更名为"国立西南联合大学"，简称"西南联大"。

从1938年到1946年，西南联大的在校学生约8000人，毕业生多达3886人，是当时国内规模最大的高等学府。联大师生们在极其艰难的环境中，以"刚毅坚卓"为校训，培养出了大批"兴业之才，治国之士，学术大师"，西南联大以非凡的成绩蜚声海内外，成为"战时高等教育体制的杰作"，创造了中国高等教育史上的奇迹。西南联大不设校长，由清华、北大、南开三校校长梅贻琦、蒋梦麟、张伯苓等组成常务委员会负责校务。三校师生同舟共济，共度时艰。

1945年8月，抗日战争胜利，西南联大的使命完成，1946年5月4日，西南联合大学举行了隆重的结业仪式，北大、清华、南开三所学校准备复员北返，并约定复校后同日开学，清华师生分批回到了阔别多年的清华园。清华园在北平沦陷期间被日本侵略军占领，成了日军的兵营和伤兵医院，直到1946年7月，学校才收回了清华园，开始了校园的恢复工作。

1946年10月10日10时，在西南联大三校约定的这个特殊时刻，清华大学在清华园宣布重新开学。学校的办学方针、教学制度、课程设置与战前基本一致，保持着清华原有的治学传统和教学理念。

1948年12月，在人民解放军即将解放北京之前，清华校长梅贻琦选择离开清华，他执掌清华17年，让清华大学发展成为中国的顶尖大学。1952年底，蒋南翔接过了校长重任，这位新中国成立后的第一任清华大学校长即将把这所顶尖大学带入另一个教育的崭新时代。

从1952年开始，全国仿效苏联，把高等学校分为综合大学和专门学院两种，开始了全面的院系调整。调整的一个重点是"以培养工业建设人才和师资为重点，发展专门学院"。中央要兴办几所工业院校，决定把清华大学改为工业大学。

1952年12月31日，在清华大学教职员工及学生代表的欢迎会上，蒋南翔深切致辞："清华大学是我的母校。在1932年到1937年期间，我在这里度过了自己的大学生活。也正是在这个强敌压境、我们祖国处在风雨飘摇的困难时期，我在这里开始参加了革命活动，参加了共产主义青年团和中国共产党。现在有机会再回到母校服务，我感到非常高兴。……清华大学当前迫切的任务就是要深入教育改革，破除英美资产阶级的旧教育传统，逐步地把自己改造成为社会主义的新型工业大学。"

蒋南翔从走进校门的那一刻起，心中便早已勾勒出清华的教育改革轮廓，他清楚地知道，改革的首要重任是完成学校的工业化转型。

清华大学是延续了 20 余年的文、理、法、工、农、航空等多院制的综合大学，在这次院系调整中，学校的文学院、理学院和法学院调去了北京大学，还把航空、采矿、地质、石油等工科院系调出去，与其他院校组合成专门的工科学院。

清华大学只保留了土木、水利、建筑、机械、动力、电机等传统工业学科，转变为一所只有 8 个系 22 个专业的多科性工业大学。

蒋南翔毕业于文学系，他的清华校友韦君宜向他发出了疑问："搞工业大学，你行吗？"

蒋南翔信心十足地说："我边干边学，我去学成一个工业大学的普通学生该可以吧。"

蒋南翔在走马上任之前，就已提前启动了他的"边干边学"计划。蒋南翔带着时任清华大学团委书记的滕藤等人来到东北，开始了为期一个月的教育考察。

早在 20 世纪二三十年代，东北的工业化就走在了全国前列，我国第一辆国产汽车"民生"牌载货车就诞生在这里。新中国成立后，东北更是新中国工业的摇篮，为建成新中国独立完整的工业体系做出了巨大贡献。

蒋南翔带领考察团去鞍山、抚顺、哈尔滨、沈阳、大连等地参观工厂，召开座谈会，展开了多方位学习，了解工业建设对人才的需要。

哈尔滨工业大学和大连工学院是学习苏联经验较早的学校，有许多宝贵的工科教育经验。蒋南翔说："到东北了解，老清华的工科毕业生要五年左右才能独立工作,而按苏联的教学制度可以快许多。我们党只有办抗大或短训班的经验,所以应该学习苏联的办学经验。"

蒋南翔在沈阳铁西区的一个路口看到了一个醒目的大标语牌——向劳动模范学习。他走近劳动模范的宣传展示区,就看见了林宗棠的照片。林宗棠是清华大学1949年机械系的毕业生,更是一名优秀的共产党员,他在沈阳机床厂工作后,凭借出色的专业能力,得到了工厂和社会的积极肯定。蒋南翔欣慰地说道:"清华要多培养一些像林宗棠这样的学生。"

东北的考察让蒋南翔备受启发,他提出教育改革要有计划、分步骤,教学上应该学习苏联的先进经验,继承好的东西,但不能完全照搬,要结合中国的实际情况,让教育改革分阶段"过河"。

蒋南翔也开始了自己的"分阶段过河",他提出要"学成一个工业大学的普通学生",言出必行的他首先给自己来了一番"工科改造"。

在清华校园里,人们经常能看到蒋南翔步伐匆匆地来往于教学楼之间,他时常提着一个黄布书包走进教室,安安静静地坐在最后一排,认认真真地记笔记。

这位40岁的文科生学起工科来,学习的势头丝毫不输年轻学生们。蒋南翔和一年级学生一起听高等数学课,听苏联专家巴巴诺夫的普通物理课……他花了大量时间,系统学习了各个专业的知识。到了深夜,蒋南翔的寓所也常常灯光不灭,那是他处理完当天的工作后,还在认真做习题的场景。

蒋南翔去实验室参观时,总会亲自上手操练,他还会去工厂的铸、锻、焊、车、铣各个工种进行实践学习。就算到了60年代初期,年过50岁的蒋南翔,还坚持每周在无线电系做实验,通过增强业务能力和积累新知识，保持与基层的紧密联系。

清华大学服从院系调整后，改变了原有系科，为全国高等教育的发展做出了贡献，但对于清华大学本身来说是元气大伤的。

蒋南翔为了建设新兴学科专业，阅读了大量书籍。他根据时下出现的新科学技术，在学校设置了许多新专业。原有的专业大概占到现有专业的一半，另一半在58年以后快速建立起来，后来设置的那些新专业一方面培养了学生，另外一方面也培养了一批深究新领域的教师，为国家建设储备了大量人才。

院系调整时，清华大学图书馆也经历了一段小插曲。馆内近30万册中文图书要调到其他学校，其中包括卢木斋先生和刘半农先生的藏书，还有精心保存的甲骨文等重要典藏。蒋南翔得知这个消息后，深知这些书的珍贵和价值所在，极力阻止了藏书的调出。

在蒋南翔眼里，大学是文化中心，它的图书馆藏书也应该为社会各界服务，对外开放，让内容广为流传，学校不能为了"藏"书而藏书，更不应局限于现有的专业来决定藏书的种类。40年后，学校要恢复文科，这些藏书成了极其宝贵的财富，也再次显示出蒋南翔的深谋远虑和高瞻远瞩。

1953年，清华大学在3月20日开始放寒假，在3月31日这一天，已经在校工作两个多月的蒋南翔在这学期结束之际，向习仲勋、杨秀峰、中宣部、北京市委及中央做了一份报告，这份报告再次体现出了他的教育远见。

从1953年到1957年，新中国开始实施第一个五年计划，为了满足社会经济全面且快速的发展，人才的需要成为重中之重。

清华大学经历院系调整后，发生了巨大变动，学校随之面临许多新的问题。蒋南翔认为清华大学在五年左右的时间内，必须解决的一个最根本性的问题，就是取得大批的培养"具有高度技术水平和政治质量的新工程师"的实际经验。他在这份报告中指出：

> 依靠工科大学来迅速有效地培养出大批具有高度质量的工程师，这在中国高等教育中还是一个新的、未曾解决过的巨大课题。这需要依靠很多专门人才和很多物质设备，并经过周密计划的、多方面努力的、相当长期坚韧的工作，才能达到目的。
>
> 在我国目前的条件下，不可能希望所有的高等工业学校在短时期内达到这样的要求，但可能而且必须有计划地使少数重点学校及早达到较高的水平，以便先取得经验。按清华大学现在的情况来说（各方面基础较好，又靠近中央的领导），应该说是具有较好条件来实现这一任务的学校之一。

为了让清华大学更好地完成培养工程师和高等工业学校师资的任务，蒋南翔提出了几项需要在清华采取的重要措施，学校"首先要保证入学学生的必要质量"。清华这两年来，不重视招生质量，接收了许多初中程度和小学程度的学生，使全校各系学生之间的学习程度极不平衡，造成教育工作上的极大困难和教学资源的极大浪费。

蒋南翔曾说："老清华早有门槛高、底子厚、后劲大这些好传统，要继承。"蒋南翔坚持大学要敢于"泄肚子"，不合格的学生应该降级，反对把一些速成的学生招进大学，浪费国家资源。

蒋南翔提出需要在清华采取的第二项重要措施，是希望"把清华大学的学制改为五年制"。在全国经济冒进的影响下，教育也被要求要高速突进，清华大学把1952年入学的新生分配了近一半的人到专科，同时动员了一些学习成绩好的学生去读专科。

蒋南翔一直保持着清醒和冷静，对冒进的教学发展十分警惕，他在报告中明确指出："根据清华大学这一时期修订教学计划的经验看来，如果清华继续采取四年制，那就很难像苏联高等学校那样让学生把各种必要的课程都学得比较充分、巩固，因而也就很难培养出真正具有高度质量的工程师……假使我们不能依靠自己的学校来大量培养具有较高质量的新工程师，那么我们国家将要长期地不能独立掌握较高的科学技术，长期地不能摆脱科学技术上的依赖地位，这对我们国家是十分不利的。"

蒋南翔深知又要马儿跑得好，又要马儿少吃草，是不可能的。他希望从现在起，把学校的一年级改为五年制，从今年起，学校不再招收至少是尽量少招专科学生，以便能够集中力量办好本科，尽快取得办五年制工业大学的经验。

蒋南翔提出需要在清华采取的第三项重要措施，是"更认真地深入地学习苏联的先进教学经验"。他提出清华在学习苏联经验的过程中，应从三个方面来努力：

"第一，在教学工作中努力贯彻科学技术和政治相结合的原则。……我们学习苏联经验，就也要努力在整个教学工作中贯彻马列主义和毛泽东思想的精神，要在唯物主义世界观和爱国主义精神的坚实基础上，提高学生的科学技术水平，使高度的科学技术和高度的政治觉悟密切地结合起来。……第二，要加强理论和实践的联系。这就是有计划地日益加强生产实习、课程设计、毕业论文设计等项工作，培养学生独立思考和独立解决实际问题的能力。……第三，掌握学习苏联的工具，强调俄文学习，有计划地逐步消灭清华师生中的俄文文盲。"

清华大学对外陆续聘请了二十余位苏联专家，除一人担任校长顾

1957年，蒋南翔陪同苏联专家等到周口店北京人遗址参观

问外，其余专家都分配到各系，讲授当时较新的科技课程。各系还成立了教研组和研究所，便于系内专业相近的教师可以团结互助，共同提高教学质量和科研水平。从 1952 年开始，先后来清华工作的苏联专家就有 62 位。

蒋南翔为了提高教师的教学水平和学术水平，陆续派教师到苏联进修，学习苏联的科学技术和先进经验。赵访熊、夏震寰、王先冲等几位老教授成为当时第一批和第二批访苏教师。

1955 年，清华派遣施嘉炀等教授到莫斯科动力学院进修，学习苏联的教育制度和专业知识。研组主任、水利系教授施嘉炀当时已经年过半百，两鬓染霜，他当时面临的最大问题是语言不通。莫斯科动力学院特意请来一位语言系教师帮他学习俄文和修改作业。半年过后，施嘉炀解决了语言的问题，开始学习水能利用的相关专业知识，此外，他对苏联大学的教研组组织和工作情况也有了较深的了解。

1956 年和 1957 年的两个暑假，施嘉炀应邀到苏联主要的水电站参观访问，还去了列宁格勒水电设计院学习苏联的水电规划与设计，极大提升了专业水平和认知实践。

那段时期，苏联政府派遣了 5 位专家来清华大学讲学，其中一位是莫斯科动力学院专家倪克勤。倪克勤在清华的水利系讲"水能学"这门新课时，许多教师和设计部门的工程师都来听课，施嘉炀也和年轻人坐在一起，认真听课。

蒋南翔深知，学习苏联的教育经验不是一个单纯的技术问题，不是"仅仅是换一本教材"的事，而是社会主义教育思想对资产阶级教育思想的一种革命。要完成这项任务，不能操之过急，必须而且只能经过长期的虚心学习，才能逐渐达到目的。

蒋南翔提出在清华需要采取的第四项重要措施，是"有计划地解决师资的困难"。在高等学校院系调整后，全校教授和讲师共抽走了四十二人。在学生急剧增多的情况下，教师反而大幅减少了，缺乏师资的问题变得日益严重。蒋南翔明确提到："今后清华大学要解决师资的困难，必须正确解决两个问题：一是团结改造清华原有的教师，一是有计划地大胆放手地培养新的师资。"

当时清华教师中有党团员 210 人，其中 193 人都只是助教，助教都还不能正式开课，如果他们能在两三年内把自己的业务提高到一般讲师、副教授的水平，就能为学校的师资增加新的血液，成为优秀师资的后备力量。

有一段时期，清华大学有 108 位在校教授、副教授，他们被蒋南翔称作清华的一百零八将。蒋南翔对博学精业的教师都极为敬重，他们是学校工作的主力，更是学校的无价之宝。

刘仙洲是一位德高望重的工程教育家。他早年曾加入中国同盟会，投身辛亥革命，后来在香港大学机械工程系学习，还在北洋大学

蒋南翔(右)、刘仙洲(左)与苏联专家组长萨多维奇研究工作

担任过校长。1932年,正是蒋南翔考入清华大学的这一年,刘仙洲被聘为清华大学机械工程系教授,如今他与蒋南翔一同赴任清华大学,担任学校的第一副校长。

在教书育人的过程中,刘仙洲素以勤奋、严格、诲人不倦著称,他授课时从不迟到早退,在黑板上写字和作图都极其工整,一丝不苟。他讲课时思路清晰,论述透彻,深受学生敬爱。

刘仙洲生活朴素,既不抽烟,也不喝酒,他把大部分钱都用来买书,日积月累收藏了近万册古书。他生前就捐赠给清华图书馆4000余册书。刘仙洲曾说:"有人讲为人要外圆内方,我看是内方,外也要方!"这也是他的处世之道。

刘仙洲住在清华的新林院2号,与蒋南翔是邻居,他出门散步时,碰上蒋南翔的母亲总会亲切地招呼,蒋母对这位大知识分子的热情问候常常感到受宠若惊。

清华大学改制为党委领导下的校长负责制以后，蒋南翔就在常委开会时，提出要请刘老列席会议。他嘱咐说："刘老可以不来，但是一定要请到。"凡是刘老的意见，蒋南翔都认真学习，积极采纳，并说明是"刘老的意见"。

蒋南翔非常重视教师在学校治学过程中的作用，也重视行政工作人员在学校管理过程中的作用。过去的旧大学，普遍重教轻职。蒋南翔则认为重教是应该的，但是不能轻职。职工虽然平凡，却对学校贡献很大。蒋南翔提倡重教重职，两者缺一不可。他后来在清华大学教育工作的一次座谈会上说："学校中的职工和教师，如同车之两轮，鸟之双翼，应当很好配合，协同作战，努力为培养社会主义祖国的建设人才而把工作做得更好一些。"

蒋南翔对行政后勤干部也非常关心，他常常鼓励后勤干部们提高文化水平，还为他们讲三国中的"官渡之战""六出祁门""九伐中原"等历史典故。清华园里有位老锅炉工，他在清华的工龄已有40年，把大半生都奉献给了这所学校，蒋南翔还在清华求学时，他就已经在清华工作了。蒋南翔对他十分尊重，见面时总会主动打招呼，对他嘘寒问暖，关怀备至。蒋南翔常常告诫学生，作为新中国的大学生，一刻也不能忘记劳动人民，一刻也不能脱离群众。只有甘当群众的小学生，才能学到为人民服务的真本领。

蒋南翔提出在需要清华采取的第五项重要措施，是"加强党在整个学校工作中的领导作用"，蒋南翔提出四点建议："第一，必须明确地把保证学校教育计划的完成，作为党的首要任务。……第二，学校中行政领导系统及党委系统的党员干部，均须划出一定时间，下定决心，刻苦钻研业务，争取在较短时期内（三五年内），初步克服党员干部在业务上的'外行'状况和落后现象。……第三，根据少奇同志在全国组织工作会议上的报告，在清华试建党的同情小组，以便加强党在校内民主党派教授及其他党外进步人士中的影响。第四，加强学校中教育工会的组织，把工会组织作为党去团结、教育全体教师职员的基本组织形式。"

蒋南翔的教育改革大到教学制度，深到师资生源，细到基层职工，他把教育工作的方方面面都装进心里，在清华大学里一笔一画地精心绘制他的教育蓝图。寒假短暂，新的学期即将到来，春暖花开的时节，处处都将孕育着希望。

百年巨匠 蒋南翔 Century Masters Jiang Nanxiang

第七章 因材施教

在辛亥革命以前的封建时期，私塾里教的是四书五经、八股文，那时的教育方针大体上束缚了学生的个性。到了解放前的资本主义时期，学校陆续设置体育、音乐、美术等课程，各种课外活动也逐渐丰富起来。老师和学生获得了一定的自由，但这种自由在军阀割据、列强环伺的动荡年代，完全建立在前途迷茫、命运未知的基础上，国民个性的全面发展依然很难实现。

新中国成立后，许多封建传统的沉疴积弊不复存在，内忧外患的局面也成为历史，教育界迎来了百家争鸣的新时代，无数学子迎来了新的成长机遇，但要一览教育成果百花齐放的盛景，教育先驱们仍要走过荆棘丛生的漫长道路。

清华大学在解放以前学习美国的教育制度，解放以后，开始学习苏联的教学。学校有了新的教学计划和教学大纲，教学水平前进了一大步，学生的成长也有了质的变化。但很快又出现了一个新的问题，学校学习苏联之后基本上取消了选课制度，对所有的人都使用同样的教学计划。学生们对课程的适应程度也各不相同，大多数人因为课时过多感到吃力，还有少数人因为学习强度不足被拖住了后腿。

蒋南翔在所写的《略论高等学校的全面发展的教育方针》中提到了全面发展和因材施教的问题，他在文章中形象地谈道："如果我们要求一个有心脏病的人去长跑，那么结果就会适得其反。同样，我们也不能要求聋子、哑子去学音乐，不能要求断了胳膊的人去弹钢琴，不能要求小学生去啃《资本论》《反杜林论》。必须充分注意到学生的个人特点，只有根据学生的不同情况进行教育，才能培养出真正全面发展的人才。因此，因材施教的方法，有助于全面发展方针的实现，二者不是矛盾的。"

蒋南翔随即总结道："全面发展是教育的根本目标，也是对学生的普遍和基本的要求；因材施教仅仅是教师或教育工作者在工作过程中所应具体掌握的领导方法和教育方法。这二者也是不同内容的不同范畴，不宜混为一谈。"

1953年初，清华大学开始贯彻培养学生全面发展的方针，蒋南翔一直强调不能把学生培养成"都像从一个模子里铸出来的一样"。学生要有个性，要有特长，他从学校的教育实践中提出培养学生要抓好三支代表队——业务代表队、文艺体育代表队、政治代表队。蒋南翔的因材施教思想也在三支代表队中得到了最好的体现。

20世纪60年代初，蒋南翔要求教务处从全校一万多名学生中选拔出一批学习最优秀、有专长的学生，精心打造了一支业务代表队。学校为学生们制订了单独的教学计划，配备了专属教师，加强学生的学业指导，这些万里挑一的学生，被称为"万字号"学生。

学校请来最好的老师给他们讲更深、更复杂的知识，为他们开"小灶"。"万字号"学生所使用的参考书、课程设计都有特殊安排，以便发挥他们的个人专长，学校对他们的毕业设计也提出了更高的要求。

自动控制专业65届毕业生郝惠言就是一名"万字号"学生，她每天上完最后一节课，就去系主任钟士模的办公室补课。钟教授为了专门辅导她一人，常常放弃午休，或者推迟回家的时间。钟教授小到在字典上查不到的英语词组，大到一些重要的专业概念，都会细致耐心地为她讲解。

郝惠言的这段珍贵的因材施教时光持续了整整两年，她每每回忆起这段经历都很感动，她曾说："我能够有这样的机会，得益于学校实施的'科学登山队'政策。""开小灶，吃偏食，让我终身受益，在工作中成为国企自主研发的技术革新者。"

"攀上目前科学技术水平的珠穆朗玛峰"成为清华大学里一句响亮的口号，学校常对学生们说："苏联的卫星上天，靠的是1万博士，10万副博士。中国也必须培养自己的高级人才，培养一支'科学登山队'，一切有志青年都应该报名参加，为发展祖国的科技事业作出更大贡献。"

蒋南翔把优秀学生细分成三个层次，百里挑一、千里挑一、万里挑一，并针对不同层次的学生提出了因材施教的教学要求。

清华大学每年新生入学时，蒋南翔都要和成绩优秀的学生进行座谈，他对学生的学习情况都记得十分清楚，常常过了几年，还能叫出学生的名字。除了关心学习成绩好、考试分数高的学生，蒋南翔对一些有特殊才能的学生，也格外关注。

胡芝风是工程物理系的学生，她从小就喜爱京剧，受过十位京剧教师的指导，在唱、念、做、打方面都有扎实的功底。1956年，胡芝风带着一颗求学的心来到了清华大学，还带来了她练功时要用的刀枪把子。

胡芝风在学校一边学习工程物理系的专业课程，一边坚持学戏。两年过后，她对"专业"有了新的思考，在科学和艺术两个门类之间，逐渐偏向了艺术。她想要放弃所学的专业，专心做一名京剧演员。

在蒋南翔教育思想的指导下，学校教务处赞同人尽其才，批准胡芝风休学一年，到专业京剧团去实习。假如她日后改变想法，学校仍欢迎她回来继续完成学业。

胡芝风离开清华后,她在京剧"麒派"艺术创始人周信芳的推荐下,有幸拜梅兰芳为师。梅兰芳曾感言:"我年纪大了,本不打算再收徒弟了,可是,芝风是大学生来从艺,我心里高兴,就破例再收一个,算是关门徒弟吧。"

胡芝风勇于追求梦想,从一位理工女转变为京剧名旦,她的代表作《李慧娘》在国内外演出了 600 余场,《百花公主》《白蛇传》等剧目在业内也很有影响力。改换专业后的她最终登上了一座戏剧界的艺术高峰,用另一种方式证实着因材施教的深远意义,成长有别,然殊途同归。

除了对尖子生和特长生的特殊照顾,蒋南翔的因材施教也全面、细致地应用到了所有学生当中,他对于不同的学生群体有着不同的教学方式。

他反对"学习时间"上的平均主义,当时教师布置的学习任务,对于中等学生来说一般需要 48 小时来完成,对于基础较差的学生来说这些时间就不够了。因此,蒋南翔大力倡导减少课内时数,提出把每节课由 60 分钟改为 50 分钟,以此增多课外时间,让学有余力的学生有更多自由的时间去自由发展。学生们在增加课外知识的同时,也能做到劳逸结合。通过适当压缩学时,更好地贯彻了"少而精"的教育方针。

同时,蒋南翔也希望学生的班级活动不要太多,提倡"周不过一",意思是班级团支部、班会的活动每周不超过一次,这样可以让学生有更多自主的时间。

蒋南翔非常重视"第二课堂"的作用,对学生的课外活动非常关心,他积极倡导学生参加社会工作、课外科技活动、文体活动,认为这是培养学生素质和能力的重要渠道。

朱自清教授曾漫步在清华大学的荷花池边，在1927年写下了著名的散文《荷塘月色》，文中意境极美，在无数读者心中荡起层层涟漪。然而50年代的那处荷塘，实则是另一番月色。蒋南翔初任清华校长时，《荷塘月色》中所描绘的中心小岛已经成为"荒岛"。周围都是杂草，毫无美感可言。

1953年6月的一天，学校组织学生参加义务劳动，打算把这座荒岛再度变为花园，重现荷塘月色的美景。蒋南翔和刘仙洲副校长带头加入了劳动，他们和水利系的同学们一起挖淤泥，交流感悟，分享劳动的喜悦。经过清华师生们的精心耕耘和打理，近春园的荷塘里逐渐有了蓊蓊郁郁的树，田田的荷叶，薄薄青雾，以及流水般的月光。

蒋南翔重视知识，更重视运用知识的能力，他在1962年的一次研究生座谈会上，做了一个经典的比喻："你们进入大学要学知识，要提高能力。就像一个人要穿过原始森林，重要的不仅是给他一袋干粮，更应给他一支猎枪，因为干粮吃光了，不会再有；而用猎枪，可以不断地获得新的食物。"

这个关于"猎枪与干粮"的比喻给清华学子们留下了深刻印象，也成为蒋南翔的一个重要教育理念。而他心里的"猎枪"不只指业务能力，还有思想。他始终推崇"一分为二"的哲学思想，教导学生要用"两点论"观察事物。

蒋南翔在传达毛泽东同志的一次讲话时谈到：我们走路时，总是一脚在前、一脚在后面，不是两只脚向前跳的。用钱也是一样，有时用的多一些，有时用的少一些。看问题应该看到两面，不要只看一面。就是说要有两点论，不要只是一点论。

蒋南翔在对学生的讲话中，经常阐述"一分为二"的观点，认

1962年，蒋南翔与毕业生在一起

为我们对人要"一分为二"，这是辩证法的普遍规律，对每一个集体，每一件事情，每一个人都是适用的。"一分为二"，即是一个事物有好的地方，也有不足的地方，不要简单地肯定，也不要简单地否定。蒋南翔希望学生们用知识武装自己，更希望学生能用思想武装自己。

　　为了增强学生的业务知识和业务能力，蒋南翔做了更多的教学尝试——半工半读。当时，国家主要的学校教育制度是全日制的学校教育制度，而工厂企业则是八小时工作劳动制度。1958年5月，刘少奇在中共中央政治局扩大会议上提出了另一种制度：半工半读制度，即是"半工半读的学校教育制度"和"半工半读的工厂劳动制度"。

中共中央指示清华大学首先试行半工半读制度，蒋南翔十分重视这一指示，他在6月25日的学校校务委员会上针对"半工半读制度"做了重点传达："为了满足广大青年要求学习的强烈愿望，培养大批的知识分子，除了目前全时学习和全日劳动这一制度外，还应该在学校、工厂、农村中实行半工半读制度，使教育和生产两者紧密结合起来。这不仅是一种教育制度，也是一种劳动制度。实行半工半读制度好处很多，学生毕业以后就是一个技术工人，既能做工人的活，也能更有创造性地进行设计和科学研究。中共中央指示清华大学首先试行半工半读制度，这是全校师生员工的一项极其光荣的历史任务。"

1958年，机械制造、铸工、焊接、水工等部分系和专业开始试行这项制度，部分同学组成了试点班，被称为"长工班"。他们一边学习、一边在铸工车间劳动。学生们在车间劳动的过程中，与工人的感情日益增进，既了解到一线工人的工作思想，也学习到了很多铸工的实践知识。

1960年6月，蒋南翔与清华大学铸工专业半工半读的同学展开了一次座谈，他在座谈会上听取学生们的收获，肯定了他们进行的半工半读试点是成功的，勉励大家"终身做一个普通劳动者"。这些长工班的同学们毕业多年以后，还会时常想起蒋南翔校长的殷切教导，怀念这段半工半读的难忘经历。

1964年6月，蒋南翔在中央工作会议上总结道："实行两种教育制度和两种学校制度，就可以使普及和提高进行更好的分工。一方面，不需要花费很多投资，就可以大量创办各种形式的半工半读、半耕半读的学校、简易小学、农业中学、业余技术学校、函授学校等等，这一类学校办好了，不但可以加速普及教育的实现，而且能够培养出大批初级、中级以至高级的专门人才，从而减轻对于全日制大、中、小学的压力。"

中国作为一个人口大国，要实现普及教育，会耗费大量的时间、财力和人力，国家负担不起，大多数工农阶层也负担不起。半工半读、半耕半读等教育形式的出现，成为缓解教育资源压力和经济压力的有效办法，也是另一种途径的"因材施教"。

1952年院校调整后，清华大学成为多科性的工业大学，但学校还是保留了音乐室，可见清华并没有因此弱化艺术教育。在蒋南翔的大力支持下，清华大学的第二支代表队"文艺、体育代表队"逐渐在校内和校外活跃起来。

在全国大兴农田水利建设的运动高潮中，北京市昌平区于1957年12月申请提前修建十三陵水库。1958年初，十三陵水库开始动工，北京市委、市政府号召全市人民来到施工第一线，参加义务劳动。清华大学几千师生响应号召，投入到了水库的建设工作中。高强度的劳动常常让许多久坐教室、提笔写字的学生吃不消，他们在挖土石方时双手磨出了血泡，扛重物时肩膀被压得酸疼，他们纵然辛苦，却一直咬牙坚持，从不退却，坚定地迎难而上。

清华大学的学生会群众文化部组织了一支十余人的文艺小分队，他们以当年红军长征中的宣传队为榜样，赶去了水库工地，为投入工作的师生们加油打气。蒋南翔赞赏他们的行为符合毛主席《在延安文艺座谈会上的讲话》，鼓励学生们多开展文艺活动陶冶情操，把"阳春白雪"和"下里巴人"结合起来，用艺术去丰富更多人的精神世界。

蒋南翔亲自批准购买了一架三角钢琴，当时学校批给各队购置乐器、服装的经费，一年就多达一万元。在蒋南翔的支持下，学校还将一部分文艺尖子送到了中央音乐学院等地方学习，给学生们创造了很好的艺术学习环境。

刁光覃、朱琳夫妇是杰出的话剧表演艺术家，朱琳的朗诵更是感人至深，蒋南翔多次让学生们向两位话剧大师学习，他还特意说过，在朗诵上，女生要学朱琳，男生要学习光覃。蒋南翔还请来了青年艺术剧院的吴雪院长，请他到学校观看学生们自编自演的话剧《清华园的早晨》，并指导学生们改进作品。蒋南翔尽心尽力为学生们做好了艺术领路工作，更为他们营造出了很好的艺术学习氛围。

在蒋南翔建议下，学生们组建起了一支集中住宿的文艺队伍，这支队伍定名为"文工团"。蒋南翔一直希望清华的学生"文工团"可以在业余文艺团体里达到一流水平，在成团之时，他还亲自为"文工团"签名题词。

1958年12月21日晚，清华的文工团应邀来到了政协礼堂，为政协委员和全国统战工作会议代表做汇报演出，清华学子们自编自演了京剧《关羽搬家》、雕塑剧《劳动赞》等节目。坐在台下的周恩来总理全程都在认真观看，演出结束后，周总理走上舞台与全体演员亲切会面，他称赞文工团的表演作品是"革命的现实主义和革命的浪漫主义相结合"。

每当文艺社团有重大演出和联欢盛会时，蒋南翔只要有空就会参加。有时，他一时兴起，还会上场亲自拉起二胡，演奏他的拿手曲目《二泉映月》。清华大学的第二支代表队，文艺、体育代表队，蒋南翔也成了其中优秀的一员。

蒋南翔曾提出："因材施教是服务于一定教育目的的一种教育方

法，这种方法古已有之。在执行全面发展的教育方针时，因材施教的教育方法仍然有其重要作用。……只有因材施教，充分照顾学生个人的特点，发挥个人的特长，才能培养出真正全面发展的人才"。

第三支代表队是政治代表队，蒋南翔为了培养这支队伍，开创了一个意义重大、影响深远的教学制度——政治辅导员制度。

百年巨匠

蒋南翔 Jiang Nanxiang

Century Masters

第八章 "双肩挑"的辅导员

毛主席在中共八届三中全会最后一次会议上说道："政治和业务是对立统一的，政治是主要的，是第一位的，一定要反对不问政治的倾向；但是，专搞政治，不懂技术，不懂业务，也不行。……我们各行各业的干部都要努力精通技术和业务，使自己成为内行，又红又专。"

蒋南翔在给全校师生讲"又红又专"的思想时，提出"红"是方向，"专"是专业技术精湛，首先方向不能错。他打过一个形象的比喻：好比走路，首先要确定方向，要去天安门，方向必须正确，这就是"红"；而大量的时间是走路，要走得好、走得快，这就是"专"。

当时，国家已经进入大规模经济建设时期，为社会主义培养建设人才成为学校一项重大的战略任务。为坚持正确的教育改革和人才培养方向，培养高等学校思想政治工作需要的干部，蒋南翔于1953年首次提出设立政治辅导员的制度。

他想从高年级学生中挑选一批政治觉悟高、学习成绩好的党员担任半脱产的政治辅导员，在学生中形成榜样，以便更好地推进学生工作。这种"成绩好""思想政治好"的标准被形象地称为"双肩挑"，选出来的政治辅导员一个肩膀挑业务，一个肩膀挑政治。

回顾过去清华地下党的那段运动史，当时一些学习成绩优异的学生地下党员，在群众中都有很高威信和影响力。现在学校的政治和业务教学也同样需要这样的人。一个人的成就和他对社会贡献的大小，不只取决于他的业务能力，政治往往是更重要的影响因素。因为政治要解决"方向"问题，方向不对，就达不到目的。

蒋南翔在20世纪30年代的时候从事地下工作，对青年思想的情况非

清华大学抽调25名学生担任辅导员的档案资料

常了解，也就更懂得如何引导学生。因此，辅导员相比老师而言会更加了解学生，也就更好指导和管理学生。选择成绩好的同学担任辅导员，他们更有余力和精力，可以多做一些思想工作，还不会影响到自己的学业。而这些精挑细选出来的辅导员们，是学生们的榜样，也会形成一种模范效应。

蒋南翔在《清华大学向高教部、人事部请示设立学生政治辅导员的报告》中写道："为了加强对学生的政治思想教育，保证学习任务的完成，并把学生中党团员的社会工作时间减少至政务院规定的每周6小时的限度，我们拟根据1952年政务院批准的全国工学院院长会议决议设立政治辅导员制度。"

蒋南翔的这项制度创新得到了批准，清华大学很快精选出了第一批政治辅导员。这批辅导员大多是各系共青团组织的负责人，他们的共同特点是学习成绩优异、政治觉悟高、工作能力强。

作为一种激励方式，第一批辅导员的25人分别从7个系里挑选，建筑系2位，土木系2位，动力系2位，机械系3位，化工系4位，水利系6位，电机系6位。

辅导员将和学生同吃、同住、同学习，负责班级的日常思想政治

蒋南翔与清华大学第一批政治辅导员们开会

工作和党团组织建设工作，他们与学生的联系越是密切，越是容易深入开展思想政治工作，引导学生做到"又红又专"。通过这种方式，辅导员也能成长为具有更高政治觉悟和更高业务水平的干部。

清净宜人的新林院2号是蒋南翔的住所，这座一层西式花园别墅住宅，坐落在新林院住宅区的最北端。院外有个圆形花坛，一条甬路从院门口直通到屋前，院内绿草如茵、劲松挺拔，东边一丛翠竹总在风中摇曳。北京市委领导刘仁同志曾赞叹这座清净宜人的小院"真是个读书的好地方啊"。

公务繁忙的蒋南翔把这个舒心的小院也变成了他的工作场所，身兼数职的他几乎没有休假的概念，他定期在星期天晚上召开学校主要领导干部会，会议室就在新林院2号西边的大房间，辅导员的第一次会议也在这个小院里召开。

1953年的1月到2月间，学校从三年级学生中选拔出了25名政治辅导员，不久之后，蒋南翔把他们请到新林院2号，召开了辅导员第一次会议。蒋南翔看着这批优秀的学生，语重心长地对他们说："一个人年轻时担任一些政治工作，树立正确的思想方法和工作方法，对今后一生的工作都会有好处。这就像唱京戏要从小训练，科班出身一样。"

蒋南翔的这句话被无数清华学子牢记在心，学生们在多年以后，越发深刻地体会到了这番话的用心，也真正明白了做辅导员时从事的政治工作确实让他们受益终身。

为国家培养"又红又专"的人才，是学校的大政治，日常所做的很多思想工作被比喻为小政治，蒋南翔想要通过做好政治工作，培养全面合格的人才，让学生做到各个方面都优秀。

蒋南翔极为重视这25名重任在肩的辅导员，精心为他们准备了高营养的"偏食"。系里为每位辅导员安排了针对性的教学计划，让这些还是学生的辅导员学习《实践论》《矛盾论》，听苏联专家的讲课，还有部分辅导员被派去苏联学习科学技术和教学方式。

方惠坚正是土木系的大三学生，原本当时的大学是四年制，因为全国第一个五年计划建设的需要，学校减少了一年的学习时间，改为三年制。几个月之后，方惠坚即将毕业，他也做好了留校任教的准备。就在这时，他意外地收到了一份学校的通知，自己将延长两年毕业，成为清华大学的第一批政治辅导员。

在方惠坚的辅导员培养方案里，有一位苏联专家的课，让他受益良多。这门课足足排了四个学期，老师的讲解非常细致且系统。到了毕业的时候，方惠坚已经可以进行这门课程的教学工作了。

方惠坚曾担任过班级的总干事和团支部委员，有一些管理经验，而担任辅导员要负责的是九个班的工作。他刚刚接手工作时不免有些慌乱，但在学校和同学的帮助下，工作慢慢步入了正轨，他处理事情也逐渐得心应手起来。

后来，方惠坚先后担任了清华大学教务长、常务副校长和校党委书记，而他在清华任期最长的一个职位还是校史编辑委员会，他陆续参与编写了《蒋南翔文集》《蒋南翔传》等有关蒋南翔同志教育思想和教育实践的文集，每年都要给青年干部、教师和辅导员介绍蒋南翔校长的思想理念。

2017年3月14日，方惠坚与清华大学教育基金会签署捐赠协议，设立了"方惠坚辅导员奖励基金"，这个基金一直鼓励着清华大学本科生、研究生辅导员，这位最早成为清华政治辅导员的人，至今仍在为这一制度的发展贡献力量。

1950年，谢文蕙以优异的成绩考入了清华大学建筑系。1953年，正读大三的谢文蕙被组织选中，成为清华大学的第一批辅导员。谢文蕙的成绩非常好，学校实行苏联的五分制时，她一直都是一位满分学员，从没考过四分。她也是当时建筑系辅导组组长，具备了一定的管理实践经验。

谢文蕙回忆起当年的她干劲儿十足，激动地说着："就是组织指哪儿就打哪儿，让干啥就干啥，也不是水平有多高。组织只说是半脱产，没有谈何时毕业，没有谈生活问题如何解决。什么都不谈，就干了起来。"

谢文蕙上任后的首要任务就是把各个班级团结起来，把同学的思想凝聚起来，号召大家互帮互学，她的另一个重要工作是发展团员。当时大部分同学都没有入团，团员发展得很慢，一些家庭成分不好的同学入团更为困难。其中有一个同学，他的父亲和姑姑在新中国成立前参加了国民党的"三青团"，他受家人的影响，一直没人介绍他入团。谢文蕙却认为："人的出身不由己，但是道路决定于自己。他愿意参加革命，为什么不欢迎他呢？"

谢文蕙坚持自己的判断，成了这个学生的入团介绍人。而这个学生毕业后分配到了北京市设计院，后来参与设计了现在的外交部大楼和首都体育馆等重要建筑，还成为一名优秀的共产党员。他入党后，特意去谢文蕙家里登门致谢，谢文蕙一直对这个学生印象很深，她曾感慨道："你在他最需要的时候帮助他，这个人一辈子都会感激你。"

谢文蕙耄耋之年时讲话仍然声音洪亮，思维清晰，思想与时俱进，还能让人强烈地感受到她作为辅导员的一种精神风貌和思想魅力。

清华大学建筑系有两人被选为了第一批政治辅导员，除了谢文蕙之外，另一人叫赵炳时，他从1953年到1956年，担任了近三年的建筑系辅导员。在刚上任几个月后，他还接到了一个出国交流的任务——参加苏联每年组织的青年联欢节。

那一年，罗马尼亚举办了青年联欢节，中国组织了三四百人的代表团出国交流，包括文工团、宣传代表团、体育代表团等。原先并没有大学生代表，蒋南翔校长就为大学生争取到了两个名额，一个名额给了人大，一个给了清华。清华的这个名额就给了当时正担任建筑系政治辅导员的赵炳时。

赵炳时到了莫斯科后，开始了为期两周的参观，他欣赏到了不同国家的建筑风格，开阔了眼界，增长了见闻。赵炳时后来成为了清华建筑学院的院长，而辅导员的工作经历是他人生中的一笔无价的财富。

1950年，杜建寰考入了北京大学机械系，成为新中国成立后的首批大学生。1952年全国院系调整后，北京大学工学院的工科各系并入了清华大学，他也随之转入了清华大学动力机械系。1953年时，他被选为清华的首批"双肩挑"政治辅导员。

各院系设立了辅导组，便于对辅导员们进行管理，辅导组组长由各院系党总支书记担任。杜建寰时常开玩笑说道："我们管他们（辅导组组长）叫'大辅导员'，管理我们这群叫'小辅导员'。"

半脱产的辅导员按照学校的规定需要延迟一年毕业，因1954年没有本科生毕业班，只有专科生毕业班，杜建寰只好随1955级的本科同学一起毕业。他的夫人钱启予（物理系教授）总是笑谈道："校友聚会，三字班的也叫他，五字班的也叫他。"

杜建寰至今仍记得学校为他单独制定的教学计划，包括"哪些课不听了，哪些课跟着五字班听，毕业设计怎么做"。杜建寰毕业之后也毫不犹豫地接受了留校任教，他先后担任过动力机械系职工党支部书记、教师党支部书记和总支部委员。

从辅导员到系党委书记，再到常务副校长，杜建寰是新中国首批大学生，也是清华大学首批政治辅导员，他常用"热情""单纯"来形容当时的学生，而"质朴"和"奉献"则是人们对他的赞许。

水利系的董曾南也被选为第一批学生政治辅导员，但他在上任过程中出现了一段小插曲。由于辅导员是半脱产，需要延期一年毕业。家境贫寒的董曾南难以支撑多出来的一年学费，董曾南的父亲就给蒋南翔校长写了一封信，提出不同意他的儿子做辅导员。

蒋南翔感到意外和困惑，他把董曾南请到家中，与他长谈。在得知董曾南的家境之后，蒋南翔诚恳地向董曾南解释了学校选用辅导员的深远用意，最终征求了他本人的意见。当时的董曾南刚入党不久，满怀政治热情的他服从了组织的安排，走上了政治辅导员的岗位。

董曾南担任政治辅导员之后，每到寒、暑假都要学习学校安排的政治、哲学等方面的课程，学校也针对他在日常工作中遇到的困难给予了大量的指导和帮助。

董曾南后来坦言，如果不是年轻时受到了各种各样的锻炼，他很难在后来的生活中处理好繁杂的工作。辅导员的工作经历提高了他在多个方面解决问题的能力，也锻炼了他过硬的思想政治素质，让他一生受益匪浅。

清华大学每年都要从高年级学生党员中选拔一批新的政治辅导员，补充进学生的政治工作干部队伍，后来也有一部分政治辅导员由青年教师中的党员担任。

1958年，全国进入了"大跃进"时期，学校也随之进入了"高速发展"的阶段，对辅导员的需求急剧增加，以至于出现了学校对辅导员的挑选标准不够严格的情况。在极度缺人时，学校甚至开始从低年级的学生里选人，部分辅导员还出现了因工作负担过重而影响学习的现象。

陈宝瑜在1958年时还是大二的学生，她就被提前调出来担任了1959年、1960年两年的半脱产政治辅导员，还有1961年、1962年两年的全脱产政治辅导员。

这4年时间，正是国家"大跃进"和"经济困难"的时期，她在做辅导员时，还要兼顾学习，时间和精力都非常紧张。最后，她的毕业时间比同班同学晚了半年多。

蒋南翔针对这些冒进的现象采取了相应的调整措施，逐渐解决了"抽调辅导员"的激进方式，逐步健全了辅导员制度。

"双肩挑"的政治辅导员制度，让辅导员可以密切联系学生群体，将思想工作深入业务领域，更好地引导学生们做到"又红又专"，同

清华大学112周年校庆、政治辅导员制度建立70周年活动现场

时也为国家培养了一批"又红又专"的干部。

邓小平同志后来评价道："清华过去从高年级学生和青年教师中选出人兼职做政治工作，经过若干年的培养，形成了一支又红又专的政治工作队伍，这个经验好。"

从1953年到1966年，清华大学先后选拔并培养了682名政治辅导员。他们成了学生中的骨干力量，为学校的学生思想政治工作做出了巨大贡献。

在一次党员干部学习会上，蒋南翔讲道："政治辅导员制度不仅是我们培养学校党政骨干的主要方式，而且是学校为国家培养党政干部的有效途径，将来在清华毕业生中会出现一批部长、省委书记。"

几十年后，蒋南翔的这番预言被屡次印证，十四大选举产生的中央委员及候补委员中，有29位在清华毕业或在清华工作过，其中9位担任过学生政治辅导员。从学生政治辅导员队伍里走出来的党政干部还有中共中央政治局常委、国家主席胡锦涛，国务院副总理吴邦国等人。

如今，在清华大学政治辅导员制度创立的七十年时间里，清华大学培养了包含研究生在内的上万名政治辅导员，他们的模范作用影响着一代又一代学生，让清华学子获得了更好的政治思想教育。

设立学生政治辅导员也成为了清华大学的制度传统，而这个行之有效的制度，也早已从清华推广至全国高校，辅导员队伍也从蒋南翔创建时的25名发展到了现今的20多万人队伍。

《闪亮的名字·最美辅导员》《我是辅导员》等节目中，辅导员的故事感动和激励着一个个学生。时至今日，辅导员们把责任扛在肩上，把使命放在心里，他们肩负起立德树人、培根铸魂的崇高使命，在学生成长和高校教育中发挥着不可替代的作用。

百年巨匠 蒋南翔 Jiang Nanxiang

第九章 两种人会师

20世纪50年代，清华大学教师的思想政治水平普遍不高，大部分缺乏实际生产经验。在全校的副教授和教授队伍中，只有四名是党员，而党员教师中大多数是助教，他们刚从大学毕业不久，专业水平不高，也缺乏教学实践经验，被大家戏称为"助教党"。当时还有人说："党外人士围着党转，可是入不了党，好像月亮围绕地球转，总是挨不上。"

为了培养一支"又红又专"的教师队伍，蒋南翔提出"两种人会师"，一方面要对具有较高专业职称的教师加强政治理论学习，提高他们的思想政治水平，另一方面通过在职进修、出国进修等方式，加强对年青党员教师的专业培养，提高他们的业务水平。

当时，清华大学的老教师，多数是留学归国的老知识分子，他们业务能力强，教学经验丰富，但他们的思想政治素质和办学理念尚未完全同步。而新教师多数为党团员，他们参加过一些革命实践，思想素质较高，但业务水平不足，教学经验尚待提高。当下的重任，就是要不断提高教师的思想觉悟，同时不断提升党团员教师的业务水平，促进这两种人"会师"。

蒋南翔十分清楚他的目标是要培养出"又红又专"的人才，有一部分人需要花更多的时间在业务学习上，有一部分人需要花更多精力去加强思想工作，这两类人都需要不断的培养和充实。

年轻的党员教师大多都是助教，教学经验不足，如何提高他们的业务水平？

学校从 1953 年起就开始有计划地从优秀的助教、研究生、毕业生中分批派遣留学生去苏联进修或攻读学位，安排了一些青年教师到苏联学习原子能、自动控制等新兴专业，同时还派送一些青年教师到当时学苏最早的哈尔滨工业大学等国内高校学习，提升他们的业务能力和学术水平。

对于具有较高学术造诣的教授，如何进一步提高他们的思想政治水平？

蒋南翔组织教师学习毛泽东的《实践论》《矛盾论》。他认为学校的教学要抓好基础课，马列主义、毛泽东思想是最重要的基础课，为了把学校政治理论课的教学搞好，蒋南翔提倡校党委的领导同志亲自上阵，领导教学。

蒋南翔以身作则，从百忙中挤出时间，亲自开设了哲学课。他亲自授课的消息一经公布后，全校师生就沸腾了，纷纷对这门课程充满期待，也充满了学习的热情。

当蒋南翔走进教室，开始他的第一堂哲学课时，他惊喜地看到这个只能容纳 300 多人的阶梯教室早已被学生和教师围了个水泄不通。哲学课程的热度让蒋南翔倍感欣慰，他阔步走上讲台，开始了这个"热门课程"的讲学。

蒋南翔在课堂上旁征博引，用深入浅出的方式讲述晦涩难懂的哲学知识，用生动活泼的语言带动起了整个课堂的气氛。大家的学习热情高涨，越来越多的教师和干部也加入了听课队伍。在蒋南翔的带动下，校党委的其他领导同志也纷纷走上讲台，开展教学工作。

蒋南翔在 1953 年兼任北京市委高校党委第一书记时，就明确提出了高等学校党组织有三项任务，一是关心学校的全面工作，正确地

蒋南翔亲自教授哲学课

贯彻中央有关高等教育的各项方针政策，保证教育任务的完成；二是向师生员工进行思想政治教育；三是加强党的建设。

"双肩挑"的辅导员制度对于培养一支"又红又专"的师资队伍和干部队伍起了非常重要的作用。在清华学术水平较高的群体中，共产党员的比例越来越高。蒋南翔要求党员教师努力钻研业务的同时，要帮助非党员教师提高思想政治水平，吸收符合条件的人员入党。

蒋南翔觉得大家对现有的高级知识分子的进步认识不足，信任不够，在对高级知识分子入党的问题上有关门主义倾向。有不少人思想进步，已经具备了入党条件，但组织还没有及时发展他们入党。

清华大学的副校长刘仙洲在解放前曾有"教育救国""科学救国"的理想，这种理想无法实现后，他便想着"再教十年书，再写五本书，就算尽到自己一生的责任"。

到了抗战后期，国民党试图动员刘仙洲加入国民党，但他痛恨国民党倒行逆施、贪污腐败的作风，毅然拒绝了。他曾说，谁对农民好，

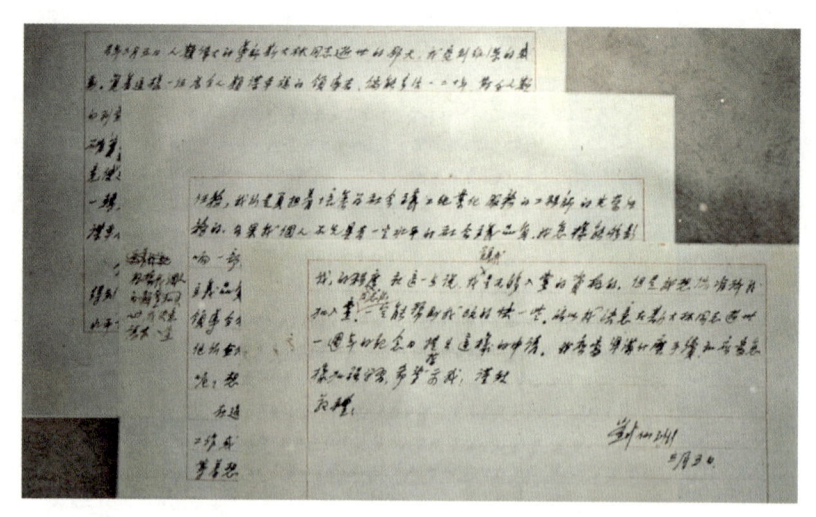

刘仙洲手写的入党申请书

我就拥护谁。共产党领导广大农民废除封建半封建性的土地所有制，实行"耕者有其田"的土地改革，让农民得以翻身，他就拥护共产党。

1947年时，刘仙洲访美回国时路过南京，国民政府教育部长朱家骅设宴邀请他，想请他再次出任北洋大学校长。但他拒不赴宴，力辞不就，说自己只想做学问，于是他连夜离开南京，回到了北平。

全国解放后，刘老虽然长期埋头业务，不问政治，但他一直都对校内外的各种工作充满热情，也积极参加党所领导的思想改造运动和教育改革工作，他认真学习马克思列宁主义理论和党的政策，也衷心向往社会主义和共产主义。1954年，刘仙洲郑重地提出申请，志愿加入中国共产党。

这篇发表在《人民日报》的文章《我为什么加入中国共产党》是清华大学教授刘仙洲的入党申请书，他提出这令人振奋的申请时，已经65岁。

1955年11月7日，清华大学教务处党支部在工字厅召开了发展刘仙洲入党的支部大会。蒋南翔作为刘老的入党介绍人，在会上详细介绍了刘仙洲的思想发展过程。

蒋南翔还在发言中提到："在1928年，苏联杰出的土壤学家威廉斯以65岁的高龄参加苏联共产党，在第二次世界大战期间，法国著名物理学家郎之万以72岁的高龄参加法国共产党，这在他们本国以至国外的广大知识分子群众中，都曾经产生热烈的反响。现在我国教育界和工程科学界的老战士刘仙洲同志也以65岁的高龄参加中国共产党，我们相信这件事情也将会在中国知识分子群众中间产生比较广泛的影响。"

蒋南翔发表于《北京日报》上的《共产党是先进科学家的光荣归宿》

蒋南翔在会上的发言被整理为《共产党是先进科学家的光荣归宿》一文，发表在《北京日报》上。蒋南翔的这篇文章以刘仙洲同志和威廉斯、郎之万加入共产党的事实说明了一个真理："即使是在旧社会中埋头不问政治的科学家，只要他真正忠于人民，拥护真理，最后也会通过自己曲折的道路走向共产主义。从资本主义到社会主义和共产主义，这是历史的必由之路。刘仙洲同志在解放以后所走的道路，也正是出身旧中国的广大爱国知识分子所要走的道路。……他的入党再一次表明，为人民创造幸福生活、为青年开辟远大前程的伟大的共产党，是先进的爱国的科学家在政治上的光荣归宿。"

刘仙洲教授入党之后，清华大学建筑系教授梁思成也怀着强烈的愿望写下了一封长达三页的入党申请信。梁思成教授一生致力于中国古代建筑的研究和保护，他和妻子林徽因一起参与并完成了中华人民共和国国徽、人民英雄纪念碑等重大项目的设计任务，是我国近代建筑教育事业的奠基者之一。

1956年，梁思成在一次宴会上找到周总理，委托他向毛主席转呈了自己的入党申请信。周总理很快做出批示："梁思成要求入党的信，即送主席阅。"在毛主席、周总理的关心和支持下，梁思成加入了中国共产党，他在入党后激动着说道："我生命中的第二个青春开始了。"

清华大学水利工程系教授张光斗于1956年5月入党，立志"在把我国科学迅速达到世界先进水平的事业中，锻炼自己成为红色的知识分子"。

清华大学建筑系教授吴良镛在1960年5月入党，他在入党誓言中写道："我热爱我们伟大祖国，我热爱党，热爱党的事业……我愿意为这人类最伟大的力量贡献出我的全部理想，不惜在必要时付出我的生命！"

清华大学张维、张子高等教授陆续加入了中国共产党，这些业务水平顶尖的名师以入党的方式在政治思想道路上成功实现了"两种人会师"。

两种人会师，将政治与业务紧密结合，甚至融为一体。一方面帮助中青年教师党员和干部钻研业务，提高学术水平，成为新一代专家；另一方面帮助非党员教授提高政治思想水平，吸收其中一些符合标准的人员入党，从而使新老知识分子向"又红又专"的方向会师。

蒋南翔说过："学生的思想品德和学习质量怎样，同教师的思想政治觉悟、业务水平直接有关。"建设一支强大的教师队伍是教育建

1963年，清华大学自动控制系自五党支部全体党员毕业留念

设至关重要的任务，无论是创立"双肩挑"的学生政治辅导员制度，还是倡导"两种人会师"，蒋南翔心里的"大学"，非有大楼之谓也，也非仅有大师之谓也，乃有"又红又专"的大师之谓也。

百年巨匠 蒋南翔 Jiang Nanxiang

第十章 硬「核」教育计划

新中国成立之初，百废待兴的中国面临着复杂的国际形势，在美苏争霸的局势下，美国对中国进行了经济封锁和军事威胁，此外，还发出一个令全世界都谈之色变的核威胁！

1945 年，美国成功研制出了世界上第一颗原子弹，四年后，苏联的第一颗原子弹试验成功，打破了美国的核垄断，很快，英国的第一颗原子弹在澳大利亚蒙蒂贝洛成功爆炸。

1943 年 5 月，地质学家南延宗来到广西钟山县黄羌坪调查锡矿，他在一处崖壁上发现了含有铀质的石头，成为中国第一次发现铀矿的标志性事件。1954 年秋，著名地质学家李四光领导的地质研究所继 11 年后又在广西发现了铀矿资源的迹象。他们将铀矿石的标本送到了中南海，毛泽东一边用探测器探测矿石，一边高兴地说道："我们的矿石还有很多没被发现嘛！我们很有希望，要找！一定会发现大量铀矿。我们有丰富的铀矿资源，我们国家也要发展原子能。"

1955 年 1 月 15 日，毛泽东主席主持召开中共中央书记处扩大会议，提出了在中国建立和发展原子能事业的战略决策。中央指派刘杰、张劲夫、钱三强、蒋南翔等八位同志组成培养核科技人才的领导小组，在全国开启核能事业。

为核事业培养人才，是清华大学义无反顾的责任。1955 年初，教育部成立了以清华大学校长蒋南翔为首的核教育领导小组，正式启动了清华大学原子能新专业的建设。

在 1952 年的全国高校院系大调整之前，清华大学、浙江大学拥有全国基础最好的理学院，后来按照苏联经验把两所大学改造为多科性工业大学，所以就将理学院整体调了出去，只留下了少数的理科教师。

现在清华大学肩负起了培养原子能人才的重任，原来的物理系都调整到了北京大学，留下人员只设立了物理教研组，作为公共教研组承担全校各系的普通物理教学和实验教学。

工科和理科联系密切，美国的麻省理工学院就把工科和理科办在了一起。蒋南翔很早就对化工系的教授滕藤说："你们怎么把理学院分出去了，工学院怎么可以离开理学院？不应该把清华理学院分出去，清华理学院在解放前的大学里是最强的，清华物理系、化学系、生物系都是全国最有名的。"蒋南翔明确表示："我要早到清华半年，我绝对不会同意这个方案。"

现如今，一个十分严峻的问题摆在了蒋南翔面前，清华大学培养原子能人才相当于平地起高楼，学校在原子能方面的专业、师资和学生远远不够。

1955 年 9 月，蒋南翔受国家高教部的派遣，率领中国高等教育代表团访问苏联，代表团的成员还有清华大学教务长钱伟长、北京大学教务长周培源等 5 人。蒋南翔任代表团团长，他带领着全团仔细考察了苏联几所学校原子能专业的办学情况，进行疯狂的补课。

回国后，蒋南翔写下一份《高等教育考察团访苏报告》，提出了几点重要教学意见：

一、请求高教部党组审核和批准北京大学和清华大学设置新专业的计划

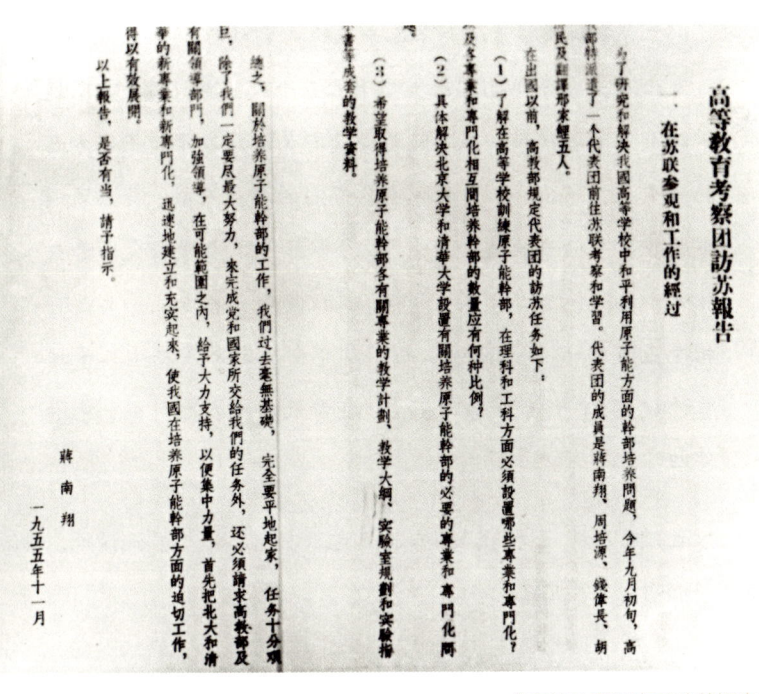

《高等教育考察团访苏报告》

　　根据我们在苏联的考察和苏联有关专家的建议，拟定在北京大学设立核子物理、电子学、无线电物理、放射化学等四个专门化。拟定在清华大学今年设立实验核子物理、同位素物理、远距离自动控制、电子学技术、无线电物理等专业（前三专业今年已招新生，后二专业学生可从今年所招新生中选拔抽调）；明年增设半导体及介电质、空气动力学、固体物理、热物理及稀有元素分离工艺等专业（为了避免专业数目过多，便于领导，也可把实验核子物理及同位素物理合并作为一个专业两个专门化；无线电系的三个专业合成一个专业三个专门化，并把稀有元素分离工艺也放在工程物理系之内）。……

二、重新调整清华大学各专业的招生人数

清华大学今年已招新生二千零五十人，达到高教部所规定的最大发展规模。现在既要增设有关培养原子能干部方面的新专业，那么清华大学现有各专业的招生人数，就必须调整减少。一般专业招生六十人，少数干部需要量较大的专业招九十人或一百二十人，这样，工程物理系各专业一共就可招生五百四十——六百人，而不致超出原定每年招生二千挂零的规模。〔新专业每年招生、在校及毕业人数计划，见附件四〕

蒋南翔在提出了"增设新专业"和"调整招生"的建议后，继续提到了师资培养的问题：

三、请求高教部增强清华大学必要的领导骨干

此次访问了列宁格勒多科性工学院的工程物理系及无线电系之后，才知道要把清华大学工程物理系建设起来，是一件十分艰巨的工作。苏联方面的大力支援是我们很基本的依靠，但是我们自己还必须配备必要的骨干，才有可能把建立新专业的艰巨任务担当起来。现在清华大学不但完全缺乏新专业的师资，而且整个学校的党员干部极少（十五级以上的党员干部只有四人，远较许多高等学校的干部为少）。我们请求高教部和中宣部干部管理处可否商同有关组织部门，尽可能地帮助清华在最近期内解决深感困难的干部问题。

紧接着，蒋南翔在报告中提到了"四、具体解决专家的聘请问

题""五、请求高教部着重在留苏学生中为新专业培养必需的干部""六、采取适当的组织形式,解决科学院、北京大学、清华大学的密切合作问题""七、执行严格的保密制度"等待审核的意见。

最后,蒋南翔的这些意见均得到了中央的同意,清华大学陆续开始设置一批新专业,而在申请新开设的十个专业里,除了远距离自动控制专业之外,其余九个专业皆属于即将成立的工程物理系。

1955年秋季,清华大学的工程物理系进入了筹备阶段,该系准备设立11个服务原子能事业的专业,其中直接服务于核武器的专业有两个,一个是同位素分离专业,另一个是核化工专业。这两个专业将为我国第一颗原子弹的制造做出重要贡献。

关于教师的选调问题,蒋南翔提出:"可以从国内别的学校调一些人过来,也可以从留苏的学生中找一些教师,骨干还要靠我们自己培养。"

航空工程系出身的何东昌当时正是清华的校党委副书记,他正准备服从组织安排调去北京航空学院或军事工程学院担任要职,蒋南翔听说这个调任安排后亲自出面拦住了他。

清华大学已经开始筹备建立工程物理系,蒋南翔希望何东昌可以留在清华,担任工程物理系的核心领导。何东昌自然明白学校在原子能这块的基础资源几乎是一穷二白,他同意留下,跟着蒋南翔一起白手起家,共同创建清华的工程物理系。

除了何东昌之外,蒋南翔还亲手挑选了滕藤、余兴坤、吕应中等青年骨干加入工程物理系的领导队伍。同时,他还从学校的一、二年级里挑选了一批政治、业务都优秀的学生干部到工物系来担任基础骨干。

1955年秋,学校从电机、机械等系抽调二、三年级共93名学生组成了物八班（1953级）、物九一班和物九二班（1954级），他们将成为待成立的工程物理系的首批学生。1955年和1956年，学校以机械系名义在全国直接招收了新生536人。

蒋南翔1955年12月19日在写给彭真、刘仁同志并报中央及周总理的信中提出了另一个重要的原则性问题：

> 现在有一个基本原则性的意见，值得提请中央考虑决定。就是：开始创办这些新的专业，是采取比较集中的原则？还是采取比较分散的原则？
>
> 比较集中的原则，就是首先在北京建立第一个训练中心；在北大设立理科方面各有关专门化，基本上参考采用莫斯科大学的教学计划及教学大纲。在清华设立工科方面的各有关专业，基本上参考采用列宁格勒多科性工学院的教学计划和教学大纲。等到北京的训练中心打好基础以后，再扩展到其他的训练中心。
>
> ……
>
> 我们赞成比较集中的原则。因为建立和原子能有关的新专业，对我国高等学校来说，是一件完全新的工作，这在技术方面和政治方面都有极高的要求，首先在北京试办，可便于中央的就近指导和监督，便于取得科学院的联系和帮助，这样也就便于集中力量，更迅速有效地完成这个十分迫切而艰巨的任务。此外还有一个更重要的意义，就是这样才能和我国科学院的研究工作更好地联系和配合起来，更迅速有效地在首都建立起更高水平的科学技术的中心基地。

1956年10月27日，坚持"理工结合"的工程物理系在清华大学正式成立，由何东昌兼任系主任。在中央的支持下，天津大学的汪家鼎、石油工业部的李文才、留美回国的李恒德、留苏归国的张礼等专家也陆续加入了清华大学的工程物理系。

随着新专业的建立、师资阵容的扩大、优秀新生的加入，原子能教育事业的基础已经打好，蒋南翔的硬"核"教育计划也才刚刚开始。

要培养高质量的原子能工程技术人才，必须有科学研究与实习锻炼的专门场所，很快，蒋南翔在清华原子能教育事业上又迈出了重要一步，他提出建议，想在清华大学建造试验原子反应堆，同时建设相关的实验室。原子反应堆是使原子核分裂维持链式反应的一种装置，它是目前利用原子核内部能量的主要形式，对核事业的发展和整体科技水平的提升都有极其重要的作用。

蒋南翔的建议获得了批准，但建造原子反应堆的难度极大，全国在这方面的专业人才十分稀缺，甚至可以说没有。

世界上第一座核反应堆在美国芝加哥大学建成，它是用铀和石墨分层堆砌而成，因此得名反应堆。在美国之后，加拿大、苏联、英国、法国先后建成了各自的第一座反应堆。中国一直处在反应堆技术的空白阶段，就算到了50年代初期，中国也没有人走近过反应堆。

50年代是中国和苏联关系最好的时期，1955年，中国用低息贷款从苏联引进了一座多用途实验反应堆，这便是中国的第一座原子反应堆，但它是苏联一手建造的。蒋南翔想要建的是由中国自主建造的一座反应堆，他要培养这方面的专业人才，彻底填上这段技术空白。

蒋南翔等人打算在清华大学附近建反应堆，并将建造地址选在了清华东北处的清河制呢厂南公主坟附近。清华大学党委为了敲定反应堆厂址的选址方案就曾4次上报北京市委和二机部党委。

北京市委领导对清华建原子反应堆的工作非常支持，他们权衡了多种因素后，最终同意清华大学将试验原子反应堆建在虎峪村南馒头山南麓。

1960年3月，功率为2000千瓦的屏蔽试验反应堆工程在北京市昌平区虎峪村启动，代号"200"。整个工程以何东昌、吕应中为首，以工程物理系师生为主体开始建设。

谁也不曾料到，这个工程才刚刚起步，原子反应堆的建设就遭遇了毁灭性的打击。

中苏关系在1959年开始恶化，"长波电台"和"建立联合潜艇舰队"等事件暴露出苏联想在军事上控制中国的意图，苏联要求中国放弃台湾以服从其与美国之间的友好合作关系，遭到了中方的严词拒绝。随后，中苏关系在一系列复杂的事件中逐步走向破裂。

1960年7月，苏联政府终止了所有援华项目，撤走了所有援华专家，其中就包括在支援中国核工业系统的233名专家，此外，苏联还停止了对中国供应一切设备、原料和技术资料。

随着苏联专家的撤离，清华大学原子反应堆工程唯一可参考的资料，就只剩下苏联的一张图纸，反应堆的建造进程瞬间归零，现如今要继续建下去，只能由清华师生独立设计、独立建造完成。

1960年7月18日，毛泽东在北戴河听完了有关苏联的相关汇报，硬气地说道："要下决心搞尖端技术。赫鲁晓夫不给我们尖端技术，极好！如果给了，这个账是很难还的。"

北京市昌平区虎峪村山麓，一群平均年龄只有23岁的清华师生提出要"知难而进""寻难而进""迎难而进"，他们大多只能住在帐篷里，生活和工作环境十分恶劣，在如此极端困难的条件下，他们却以最饱满的热情准备好用双手开创祖国原子能事业的春天！

参与建造原子反应堆的师生

苏联援建的我国第一座反应堆建在北京市房山县的重水实验堆厂址附近，当时只有 5 个人去过那座反应堆，做过短暂的参观实习，其他人连反应堆长什么样都没见过，更不用说研究和设计了。清华师生们用粗糙的"马粪纸"制作工程模型，他们几个人排成一行，用手摇计算机进行连续计算，精确地掌握了反应堆设计需要的数据。蒋南翔亲自筹措经费，为建造反应堆争取特殊材料，还组织队伍与校内校外的专业人员进行广泛协作。

"大跃进"和人民公社化运动使得新中国在 1959 年至 1961 年这三年里陷入了极其困难的局面，全国面临了建国以来最严重的经济困境，人民的生活受到了很大影响。

清华大学在此困境里也面临着重大调整，蒋南翔提出了要"退够"，"不要四面出击"，同时又提出"要保住可以保持的阵地"，而反应堆的这块阵地是保持，还是放弃？蒋南翔要做出一个选择。

1961 年至 1962 年，由于全国经济困难，许多工程和科研项目都下马了。现在放弃反应堆的建设，也算明智之举，对各方面都有交代。蒋南翔却选择了保住这块阵地，他扛下了所有压力，向中央、市委和国家有关部门全力争取，决心把反应堆的工程继续推进下去。

蒋南翔始终指导着参加"200号"工程建设的广大师生们的行动，指导大家要"尖端分解为一般，一般综合成尖端"，"分步多次实验，总体一次成功"，他提出"建堆树人"的指导思想，教导大家：

——要尊重科学，不迷信权威，不害怕困难，不唯书，不唯上，一切从中国实际出发；

——要在战斗中成长，边干边学，理论联系实际；

——要建堆又建人，政治思想工作结合科研实际，身教胜于言教；

——要打破专业框框，勇于创新，为了国家需要，不害怕"转行"；

——要大兵团作战，发扬集体精神，充分发挥各种人的作用；

——要相信青年，允许他们犯错误，为他们承担责任，放手让他们在实践中锻炼成长。

1964年9月，清华师生历时六年攻克技术难关，终于建成了这座屏蔽试验反应堆，这是我国第一座全部由国内设计、建造与运行的原子反应堆。

9月20日，零功率反应堆开始正式启动，原子核分裂的链式反应已经得以实现，零功率反应堆第一次运行成功。9月27日，屏蔽试验反应堆手动启动再次成功。10月1日，启动安全棒控制反应堆运行，自动启动一次成功。这三个"一次成功"标志着清华大学试验原子反应堆工程取得了圆满成功。

屏蔽试验反应堆培养出了一支敢于打硬仗、善于打硬仗的高素质队伍，也为我国培养出了第一批原子能工程技术骨干。

1964年10月16日，北京时间下午2点59分40秒，在新疆罗布泊的核试验基地，近百名清华的核物理专业人员在场，与众多原子能专家们共同见证着一个历史性的时刻。随着一声惊天动地的巨响，一个巨大的火球腾空而起，火球与地面冲起的尘柱连成一体，形成极为壮观的蘑菇云，我国的第一颗原子弹爆炸成功。

核大国对我国实行的核垄断从此结束。中国成为继美国、苏联、英国、法国之后，第五个拥有核武装的国家。

在1962年至1964年我国第一颗原子弹研制的关键时期，清华工程物理系531位毕业生中就有358人分配到了核工业的重要部门。

"200号"原子反应堆建成之后，这里陆续建立了与核技术有关的一系列实验室，这些试验室便是清华大学核研院的前身。

清华大学工程化学系的汪家鼎教授、化工系的滕藤教授等人提出了一个建议，要在"200号"建设热化学试验室，发展中国的核燃料后处理工艺流程，蒋南翔全力支持。这个建议在向中央申请后获得了批准。在蒋南翔的大力支持下，"200号"为我国发展核潜艇技术完成了屏蔽试验任务，还在军用核动力方面开展了新式船用核动力堆的研究。

从"200号"走出来的核能专家王大中后来成为了中国科学院院士。在2020年度国家科学技术奖励大会上，王大中院士获得了国家最高科学技术奖。

他在接受媒体采访时，深有感触地说："国家最高科技奖是份沉甸甸的荣誉，它属于集体，属于所有知难而进、众志成城的'200号'

人，也属于所有爱国奉献努力拼搏的科技工作者。"

　　蒋南翔带领清华师生们平地起家，盖起了原子能教育大厦，开启了清华核教育的裂变成长。清华大学工程物理系从成立至 1971 年，向国家输送了原子能方面的科学技术人才 2000 余名，为发展我国的国防事业与和平利用原子能做出巨大贡献。

百年巨匠
Century Masters
蒋南翔 Jiang Nanxiang

第十一章 电子计算机的『零到一』

1957年初夏，清华大学计算机专业第一期毕业生在清华园二校门前集合，准备拍摄毕业照。正当摄影师要按下快门的时候，校长蒋南翔骑车经过，班长王尔乾激动地跑上前去，邀请蒋校长与他们一起合影。

蒋南翔得知他们是首届毕业的"计7班"学生，便欣然答应。一身蓝布制服的蒋南翔端坐在师生中间，在毕业师生们的簇拥下，蒋南翔展露出的浅浅笑颜流露出内心的一份深深的感动。

此时，清华大学的计算机教育刚刚从零起步，蒋南翔全力支持并推动了计算机专业的建立，他欣慰地看到了学校培养的第一批人才即将走出校园，他也十分清楚清华大学的计算机教育任重而道远，未来的路会遇到风雨，也有彩霞和阳光。

1956年1月，为改变我国在经济和科学文化上的落后状况，快速达到世界先进水平，周恩来总理在政协二届二次全体会议上，明确提出了"向现代科学技术大进军"的号召，要求并制定出了"十二年科学技术发展规划"。

为了更好地服务一尖（航天）、一圆（原子），以蒋南翔为首的清华大学科技领导小组决定在清华无线电系建立我国第一个计算机专业和半导体专业，在电机系建立自动学专业。

早在1952年学校进行院系调整时，苏联专家就曾建议把无线电专业调出清华大学，将清华大学变成水土建工专科大学。在蒋南翔的竭力反对下，清华大学保留下了无线电专业。

蒋南翔于 1955 年 10 月去苏联考察原子能教育，他在回国之后写下的《高等教育考察团访苏报告》里提出要增设十个专业，其中九个专业都与工程物理系有关，剩下一个便是设在电机系的"远距离机械及电气自动装置专业"，这个专业由电机工程系副主任钟士模负责筹建，即我国最早的自动控制专业。增设的十个专业里没有计算机专业，而自动控制专业与计算机专业的联系却是极为紧密的。

工程物理系副主任、核能技术研究所所长吕应中曾在一封信里提到："清华最初建立的以核技术为目标的一整套工程物理新专业中，为何没有包括计算机专业的问题，计算机的应用范围远不限于核能，即使在国防工业中，计算机在航天事业中的应用也不亚于核能，不放在工程物理学院中也是合理的。"

1956 年 2 月，清华大学向高等教育部上报了 1956 年的招生计划和增设新专业的申请，其中就包括了数学计算仪器与装置专业，也就是电子计算机专业。3 月份，高等教育部便给出了正式批复："电子计算机专业：同意你校提前于今年设置。"

清华大学开始在无线电工程系增设电子计算机专业，而筹建新专业的重任交到了凌瑞骥手上。毕业于电机系的他当时正在清华大学教务处任职，他接到筹建任务后，随即开始了紧张的招生工作。

8 月 30 日的《人民日报》头版发表了《培养我国急需的高级科学技术人才》，文中写道："新学年起在我国高等学校里将开始培养金属物理学、计算数学、电子计算机等现代最新科学技术方面的高级专业技术人才……电子计算机专业今年将在清华大学一至四年级全面开设，在暑假里从清华大学和交通大学抽调到这个专业的四年级 30 名学生正在补课。"

当年清华大学的计算机专业组成了四个年级，共六个班，近两百名学生。由全国统招新生组成了计11、计12两班，从电机系、动力系、机械系抽调学生转入电子计算机专业，组成了计01和计09班，由清华大学和交通大学电机系抽调组成计7班。

其中计7班为四年级学生，他们将于一年后毕业，在1957年成为清华大学的第一期计算机毕业生。正是这群毕业生在清华园二校门前与蒋南翔一起拍摄了毕业合照，让1957年6月10日的这一刻显得更为意义非凡。

凌瑞骥在筹建计算机专业时，面临的首要问题是寻找教学模式和确定专业培养方向。此刻，他想起了正在苏联攻读副博士的本校教师金兰和吴麟。凌瑞骥很快联系到了两人，请他们帮忙搜集莫斯科莫洛托夫动力学院和列宁格勒加里宁多科性工学院的计算机专业资料。但加里宁多科性工学院的"数学计算仪器与装置"是保密专业，外人根本无法获取相关资料。经过吴麟的一番交涉，加里宁多科性工学院院长终于同意提供一份专业教学计划，并将其转交给了蒋南翔校长。

蒋南翔立即把教学计划转交给了凌瑞骥。凌瑞骥认真研读这份教学计划后，发现苏联的计算机专业（即自动学远动学专业）是为喷气技术服务的，可见计算机专业与自动控制专业有着极为紧密的联系，凌瑞骥立即把这个结论汇报给了蒋南翔。

蒋南翔听取了凌瑞骥的专业汇报，很快与校领导沟通了相关问题。不久之后，学校便做出决定，把计算机专业和自动控制专业调在一起，归入了电机工程系，为下一步建立自动控制系做准备。

清华大学的计算机专业最开始设立在电机工程系下，很快便转入了无线电工程系，电机系和无线电系成为了计算机专业的两个源头。这个专业经历了两次"搬家"，如今正式归入了自动控制系。

蒋南翔曾向凌瑞骥提到过中央关于发展我国尖端科学技术的部署，即要求高校把专业对准国家重点尖端工业和科研部门，主动配合国家的相关部署。

很快，蒋南翔就为学校的专业与尖端工业部门的合作开辟了途径。1957年初，蒋南翔与时任国防科工委副主任的钱学森签署了合作协议，确定清华的自动控制专业和计算机专业将与他们配合，为我国培养航空航天人才。

钱学森是中国载人航天的奠基人，他与清华大学有着不解之缘。1934年，大学毕业后的钱学森考取了清华大学的公费留学名额，他由此进入美国麻省理工学院航空系学习。后来，他转入美国加州理工学院航空系，师承世界著名力学大师冯·卡门，在1955年回国后，便全力投入到航空航天的事业当中。

而蒋南翔与钱学森的这次合作并非一帆风顺，项目在中途受到外来因素的干预，双方的合作一度受阻，项目难以继续。蒋南翔亲自出面向国务院副总理聂荣臻求助，在聂帅的支持和帮助下，双方的合作得以重启，继续推行下去。

1958年7月3日，清华大学校务行政会议决议，自动控制系正式成立，由钟士模担任系主任，凌瑞骥任总支书记。

两个月后，中共中央发出通知，从十所重点高校抽调出了287名学生到清华大学，这些学生加入新组建的自动控制系计算机专业和自动控制专业，成了为五院（航天工业部前身）和二机部（核工业部）培养的定向人才。这批航天工业和核工业人才在1960年到1962年陆续毕业，成为我国尖端工业的第一批技术骨干。

1958年上半年，工程力学数学系成立，包含计算方法和程序设计两个专业。10月，计算数学专业的四个年级一起开办，学校各系抽调出学生组成二、三、四年级的"数0班""数2班""数3班","数0班"有26人,"数2班"有29人,"数3班"有48人。同时,学校当年进行了统招,招收新生56人,组成了"数4班",实际毕业人数共计143名。

为了发展国家航天事业,清华创办了工程力学研究班和自动控制研究班,学员是来自全国各重点高校和科学研究机构中的优秀人才。钱学森、钱伟长、张维、陆元九、钟士模、杜庆华等人为班务委员,钱伟长、郭永怀等先后担任班主任。

第一届力学研究班于1957年2月在清华大学正式开班,1958年9月,学校招收了第二届学生,1959年11月,招收第三届学生,三届学生总计325名。力学研究班于1962年停办,前后历时5年,为国家培养了大批人才。这里的毕业生也成为了中国运载火箭动力装置和火箭卫星遥控装置的首批科技人才。

清华的工程物理系向国家输送了大量原子能人才,工程化学系、工程力学系、自动控制系等专业培养的毕业生也都为"两弹一星"的事业默默奉献着。这些新学科的建立为清华大学的专业学术水平的提升贡献巨大,然而每一个新学科的建立都经过了艰难且漫长的成长探路,计算机专业也是如此。

凌瑞骥在筹建计算机专业时,初步解决了寻找教学模式和确定专业培养方向等首要问题,但下一步,仍然步履维艰。凌瑞骥等清华大学的教师虽然拿到了苏联的教学计划、课程大纲,但几乎没有参考教材,怎么教学生?

当时清华大学计算机专业的教师平均年龄不足25岁,他们都是老专业转行过来的,从未学过计算机专业课程,更没在计算机上操作过。

1957年到1958年，学校请来了两位苏联专家，一位是自动控制专家，另一位是机电式解算装置专家。因为苏联的计算机专业偏重机电式模拟计算机，而数字计算机的比重较小，两位苏联专家对电子计算机，尤其是数字计算机都不太熟悉。他们只把计算机当作数学计算仪器，而非"软""硬"结合的应用系统。当时，又处在西方对我国的经济封锁时期，中国无法从西方进口计算机和自动控制设备，在国内更找不到类似产品。

1958年，蒋南翔提出了"教学、科研、生产三结合"的口号，对清华大学的新技术研发具有重要意义。学校准备建立实验室和小型工厂，真正做到教学、科研、生产相结合，蒋南翔将此称作"建设三结合基地"。缺少技术工人成为基地建设的一大困难，蒋南翔得到了国防科委及部队领导的大力支持，于1958年和1959年从部队调来了一批技术兵种的复员战士，这批战士对基地的建设贡献巨大。基地建设在如火如荼地进行，更多的专业生产工作和科研项目也在全面、有效地推进。

1958年10月，为了使教师和学生可以真正掌握计算机技术，在研究设计和制造计算机的过程中得到锻炼，迅速成长，凌瑞骥等人开始自力更生，领导研制我国高等学校第一台通用电子数字计算机。这个自主研发的项目得到了蒋南翔的支持，成为全校的一项重点科研项目，代号"911"。

北京市委刘仁书记特地找到774（北京电子管厂）厂长，为"911"计算机制造超产的电子管。教师周寿昌、孙永强研制了"911"机的编译系统，方便了后续的编程工作。与此同时，"911"机协助了学生的毕业设计，完成了大型水电站坝内应力计算、大型电力系统潮流分布动态稳定计算、光学镜头计算、飞机机翼截面等计算，节省了大量人力和时间成本。

1964年9月,清华大学研制多年的电子管计算机"911"正式投入运行,成为我国高校自行研制成功的第一台通用电子数字计算机。

1965年5月,蒋南翔在清华的一次干部会上发表讲话,他说道:"军事上取胜,要占领高地。科学上也是如此。当代科学技术上的高地有原子技术、喷气技术和计算机技术。从清华情况看,我们已经建起了一整套原子方面的专业。喷气技术国家另有安排。我们应把发展计算机技术作为自己的特点。"

1988年,美国信息处理学会联合会的年报《计算技术史》上刊登了美国学者约翰·迈尔的文章:"20世纪60年代至70年代初,中华人民共和国完全依靠自己的力量完成了若干显赫的计算机科学成就。虽然还不能完全同西方或苏联的计算机技术并驾齐驱,但是却宣告了中华人民共和国在完全封闭的境遇下确实参与了20世纪后期全球科学技术发展的现象。我们不应忽视中华人民共和国的潜力与追求。"

清华大学的物理工程系、计算机系等专业完成了0到1的跨越,一批又一批清华学子走向航空航天领域、国防领域,实现着他们人生梦想的从0到1。0和1是计算机中最基本的数字,被称为二进制数字。蒋南翔在计算机教育上再一次平地起家,完成了他教育突破中的又一个从0到1。

百年巨匠 蒋南翔 Jiang Nanxiang

第十二章 「真刀真枪」的毕业设计

密云水库是华北地区最大的水利工程，曾是亚洲最大的人工湖。登临坝顶，烟波浩渺、碧波荡漾的美景尽收眼底，沿着环湖公路绕行，犹如畅游在色彩斑斓的山水画卷中。它是首都北京最重要的地表饮用水的水源地，源源不断地向城区输水。谁能想到，这座水库竟然是清华大学毕业生的毕业设计作品，由水利系 1958 届毕业生设计完成，这也是蒋南翔提出的教学、科研、生产相结合的重要实践成果。

1962 年 8 月 26 日，蒋南翔在清华大学党委工作会议上发表了讲话，他在会上回顾了清华大学的三个阶段："第一阶段：以学习美国为主；第二阶段：以学习苏联为主，苏联是社会主义国家，因此我们的方向对了，提高了一步；第三阶段：1958 年中央提出要创造我们自己的

密云水库

教育方针，教育为无产阶级政治服务，教育与生产劳动相结合。"

1958年4月至6月，中共中央召开了全国教育工作会议，批判了教育部门的教条主义和右倾保守思想，提出了教育发展和改革的任务。到了9月，中共中央、国务院发布了《关于教育工作的指示》，提出"党的教育工作方针，是教育为无产阶级政治服务，教育与生产劳动结合"。由此，全国的高等学校开始了一场教育与生产劳动相结合的教育革命。

蒋南翔鼓励学生要"真刀真枪地做毕业设计"。从1958届的毕业生开始，清华大学的一部分毕业设计开始结合实际生产任务和科学研究项目，真刀真枪地进行教学、科研、生产三结合的实践。

清华大学的"毕业设计"经历了较长的发展历程，学校最初由留美预备学校发展起来，在1952年以前，都是采用英美的大学模式。为了培养学生的科研能力和创造性思维，学校在教学的最后一年设置了毕业论文的课程，这门课程占了2到4个学分，相当于一门专业课的份量。但毕业论文并不是各系的必修课，有的系虽然安排了毕业论文课，但由于各种原因，最后也并未严格执行和完成，而是以课程设计或读书报告来代替了。

1952年，全国高校进行了院系调整后，清华大学成了一所多科性工业大学，学校规定毕业设计为每个毕业生的必修课程，最后一学期将全部用于毕业设计或毕业论文。

1955年起，全校所有本科毕业生都进行了毕业设计，学校还在各系安排了一批青年教师试作毕业设计、试答辩，以便取得指导毕业设计的经验。教师拟定题目后，学生主要在校内完成设计，这种设计只是将真实资料简化运用，并不直接用于实际生产。水利系的同学曾对毕业设计有一个评论："假想水库，闭门独做；纸上谈兵，任意调度；

行得通乎，心中无数。"

到了1958年，全国掀起了教育革命，在蒋南翔的带领下，学校把"纸上谈兵"的毕业设计改为某种实际的生产任务，让毕业班学生按工程项目要求"真刀真枪"地进行设计。这样既可以完成实际生产任务，又能更好地贯彻教育与生产劳动相结合、理论密切联系实际的方针，既能提高学生的学习质量，又能推动学校科研工作的高效发展。

20世纪50年代末，为防治水旱灾害、发展农业，全国开始了大范围的兴修水利、改造自然的行动。1958年，北京市面临水资源短缺的问题，决定修建密云水库。水库的设计任务没有交给设计过十三陵水库和怀柔水库的北京市市政工程设计院和北京市水利规划设计研究院等专业机构，而是出人意料地交给了清华大学。

这个安排在当时引发了不小争论，当时的教育界正在酝酿变革，这个任务就成为教育改革的一次重要尝试，密云水库也成为了清华大学1958届毕业生亮剑的一个学术战场。

早在20世纪30年代，民国政府就曾拟订过在密云石匣附近建设水库的方案，后来因为兵祸连年、政府腐败而不了了之。新中国成立后，第一个五年计划提前超额完成，京、津两地用水缺口急剧增大，为了尽快解决缺水的问题，密云水库的修建再次被提上日程。

1958年6月23日，中共河北省委、北京市委和水利电力部向中央和国务院递交了《关于修建密云水库的请示》，提出："改为今年9月全面动工，争取明年汛期前做到拦洪高程或基本建成，以便早日开始蓄水。"

密云水库的修建预计全部工程费约1.4亿元，共需民工、军工15万到20万人，密云地质情况复杂，工程量巨大，这个水库的修建成为

清华师生参与密云水库设计的过程

当时全国规模最大的工程之一。

蒋南翔说道:"像密云水库和革命历史博物馆那样的设计任务,外国专家认为只有权威才能承担,现在我们却由'小辫子'来搞了。"

清华大学180多名水利系八字班学生在教授张光斗的指导和带领下,开始披挂上阵,绘制密云水库的设计蓝图。其他院系的师生全力支援,电机系、土木系、建筑系、机械系的师生们纷纷加入战斗,大家通过分工协作,共同完成这次的设计任务。

水利系八字班的毕业生们首先要完成的是密云水库工程的初期总体框架设计,他们一部分人组成了先行小组,提前入驻了密云的水利电力部,熟悉并搜集资料。不少师生背上行囊多次去现场实地勘察,他们爬高山、下陡坡,甚至日行百里去搜集群众的意见。在那个交通不便的年代,从清华大学到密云水库的工地,在路上就要花去两三天的时间。毕业生们要在不到半年的时间里完成生产任务的设计,时间紧,任务重,难度极大。

水利工程系毕业生毕业设计答辩会

在短短一个多月的时间里，水利系的师生同时进行了三十多项水力学和结构模型试验的专题研究，研究的项目超过了水利系教师过去两年的总和。有的教授惊讶道："这简直是'乱来'，科学研究还有常规没有！"

师生们继续打破"常规"，齐心协力地攻克难关。这类大型的设计任务通常需要两三年时间才能完成，清华师生们只用四个月就完成了《密云水库工程初步设计报告》和大量的设计图纸。

设计方案进入了初步设计的答辩会，水利电力部、北京市委和北京水利电力勘测设计院总工程师对这个设计方案一致表示满意，同意密云水库可以按照设计图纸正式投入施工。

1958年9月1日，《密云水库报》正式创刊，发刊词中写道："宏伟的密云水库工程今天正式开工了，这是首都和河北省人民的一件大喜事，也是首都和河北省人民在总路线的照耀下，发挥共产主义大协作的精神，决心征服潮白河水患的一个壮举。"

清华师生们也积极参与到密云水库的部分施工建设中，水库动工后，水利系、土木系，电机系、建筑系等100多位师生作为设计代表组，先后去工地进行技术设计和施工详图设计。

水利系教授施嘉炀曾在1955年被学校派去莫斯科动力学院进修，访问学习过苏联的主要水电站，如今他负责密云水库第一泄水口"白河水电站"的设计，在工地一待就是一年半的时间。水利系的其他教师同样不辞辛劳，轮流坚守在工地现场，联系工人群众并深入实际生产。

在施工期间，毛泽东主席亲临工地视察，周恩来总理先后6次到工地视察，指导了库区的选址、设计、施工、移民安置、防洪等多方面的工作。

蒋南翔也数次前来工地现场，鼓舞辛勤劳动的清华师生们，1959年，蒋南翔在密云水库工地与师生们合影，从照片中可以感受到清华人投身祖国建设的热情和昂扬向上的精神风貌。

蒋南翔十分重视新技术，他鼓励学生要勇于打开科学研究的神秘大门。密云水库砂砾地基的混凝灌溉渗墙和帷幕灌浆在国内都是首创，难度很大，风险很高。在蒋南翔的支持下，学校的科研人员和工人通过共同努力，最终实现了这一首创技术。

水利系设计组在高压管道的设计中，提出了用四叉管的布置方法代替三叉管的布置，节省了钢材50吨、钢筋混凝土1600方。水利系师生在整个设计过程中提出了革新建议151条，节省了200多吨钢材、4800多方混凝土以及大量的土石方。在全国物资匮乏的年代，清华大学1958届和1959届毕业班的师生共同努力，不负众望地实现了水库党委提出的口号"工地五万青年厉行增产节约，在水库落成时献礼黄金万两！"

1959年，蒋南翔与设计密云水库的师生们合影

1959年夏，密云水库的主体基本完成，成功实现了安全拦洪。1960年，密云水库的总体建筑基本建成，开始试蓄水，完成了原计划的"一年拦洪，两年蓄水"的重要目标。

蒋南翔于1958年8月在《红旗》杂志上以《党的教育方针促进了高等学校的革命》为题，对毕业设计的工作进行了总结："今年水利系的毕业设计，不但真刀真枪地完成了生产任务，而且适应和满足了学校教学工作的要求，他们采取'轮换工作，互相校核，分工设计，集体讨论，全面掌握，重点深入'的方针，使每一学生都有机会参加整个水库的收集原始资料、规划、初步设计、技术设计、施工设计等各个主要部分的工作，又要深入地完成自己所分担的任务，因而使同学们在毕业设计的工作中受到了全面和踏实的业务训练。同学们对今年的毕业设计的体会是：'真刀真枪，上山下乡；集体协作，战果辉煌；解放思想，百花齐放。'"

1958年8月，清华大学在图书馆举办了应届毕业生的毕业设计成果展览。1400多名毕业生，有70%的毕业设计是结合生产任务进

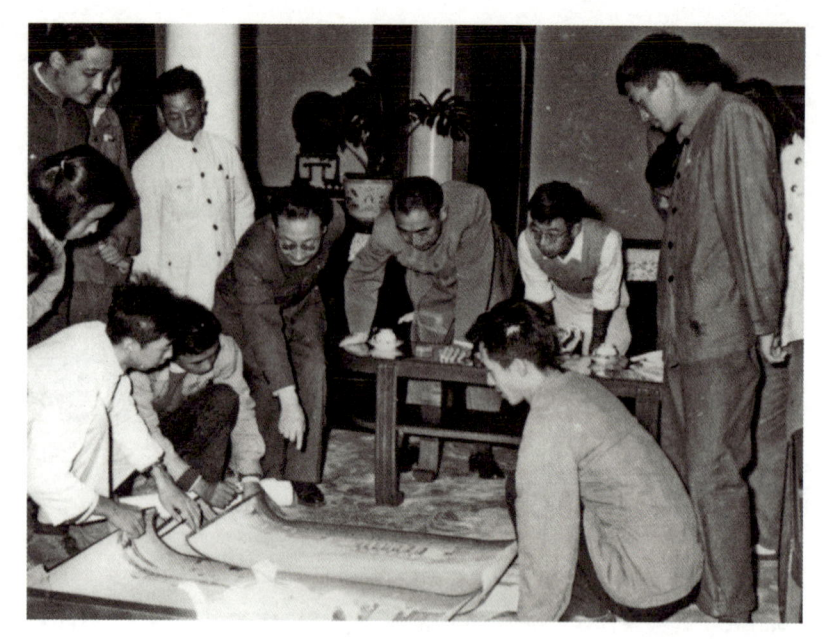

周恩来总理在清华参观学生的毕业设计展

行的,他们完成了设计任务并制造出新产品336项,获得了生产、教学和科学研究三结合的大丰收。

8月24日,周恩来总理专程来到清华大学,在蒋南翔校长的陪同下参观学生们的毕业设计。在场的同学都十分激动,他们纷纷开始准备介绍自己的毕业作品,随时等候周总理的检阅。

一位毕业生为周总理讲述毕业设计作品时,因激动而过度紧张,导致听的人也跟着紧张起来,周总理贴心地提醒道:"你们不要背稿子了,就直接介绍吧。"

大家心照不宣地哄笑起来,紧张的氛围也随之消解了。周总理时而对毕业生提问,时而与他们风趣地交谈,他还问道:"你们能不能为国务院设计一个食堂,我向你们订货。"学生们听到后更加激动和

蒋南翔（左3）、刘仙洲（左4）、刘冰（左2）、陈士骅（右3）、张维（右1）等观看国家大剧院设计方案

兴奋，与周总理的交流变得更为自如起来。

周总理参观完毕业设计作品，十分欣慰，提出要和同学们继续"订货"。他站到图书馆前的台阶上，向同学们的设计成果表示肯定，鼓励1400多名应届毕业生"把学习、工作、生产永远结合在一起"。

1958年，毛泽东主席和党中央为迎接建国十周年庆，决定在首都北京建一批大型公共建筑，中国国家大剧院作为周年庆十大建筑之一获得党中央批准，开始立项。

众多老牌单位开始制作设计方案，希望拿下这个重点工程，竞争十分激烈。清华大学争取到了竞标机会，将这个项目作为1959届的毕业生的"毕业设计"选题。由此，1959届的毕业生全力以赴地开始了中国国家大剧院的设计工作，希望最后可以拿下这个大单。

蒋南翔动员了全校6个系、300多名骨干组成设计组，清华师生又开始了"大兵团作战"。建筑系教师李道增担任国家大剧院设计组的组长，机械系、电机系、土木系都来协助建筑系，各系的师生开始到各剧场进行访问调查，开展了无数次研究讨论会。

28岁的李道增有"拼命三郎"的称号，他带领毕业生用一个多月的时间就设计完成了一个1∶10的大模型。胡绍学是建筑系毕业班的学生，他当时的工作地点就在清华学堂。据他回忆，当时清华学堂的一楼、二楼都是国家大剧院设计组，他们每天都在热火朝天地赶制施工设计图。

经过了数月的团队奋战，清华大学的设计方案最终力压其他老牌单位，赢得了胜利。可惜这份毕业设计在复杂的因素影响下，没能开花结果。

由于国民经济条件的限制，国家大剧院的方案迟迟未能施行，修建计划也被长久搁置起来。但通过这次国家大剧院的方案设计，清华师生掌握了近代剧场建筑设计的整套知识，这次设计经历也锻炼出了一批基本掌握大型现代化剧场设计的建筑师。

1958年以后，清华大学每年都有2000多名毕业生通过毕业设计参加到实际的生产、科研工作中，他们参与了改建部分三门峡工程、修建昌平县水库、扩建平谷县海子水库、规划设计边坑水库等工作，还有电子模拟计算机、500万电子伏特加速器、数字程序控制机床、电力系统动态模拟试验等项目，成为学校生产、科研工作的一支生力军。

除了国家大剧院，在北京十大建筑的其他设计工作中也有许多清华师生的身影，比如人民大会堂的大礼堂的声学设计。

1960年，全国人大二届二次会议在北京召开，蒋南翔在会上总结道："毕业设计的过程，同时也是完成生产任务的过程，也是开展科学研究的过程，也是贯彻执行党的有关方针政策，提高教师、学生政治思想水平的过程。"

这一年，清华大学召开了"毕业设计"的专题会议，首次提出"毕业设计是教学、科研、生产的结合点"。53所工业院校与四川、湖北、上海等省、市教育局的负责人一起参加大会，他们参观了清华大学里教学、生产和科学研究三结合的基地，深切感受到教育和生产劳动的进一步结合是高等学校教育改革的一个新跃进。

"真刀真枪做毕业设计"的教育改革在全国迅速推广开来。到1965年时，高教部直属的10所工业院校，共有16000多名毕业生，结合实际生产的课题就有4000项，做"真刀真枪"毕业设计的毕业生占到毕业生总数的95%。

如今，清华大学水利实验馆的一层，陈列着各种各样的实验装置，这些装置大都是清华师生自己制作的，有的装置已经有了几十年的历史，它们都在一些重大水利工程的设计建设中，发挥过重要作用。

"真刀真枪做毕业设计"这套教学制度一直延续到现在，已成为清华大学的教学传统。这项教育改革创新，在生产层面创造出了许多具有清华特色的工业产品，在研究领域为学界提供了许多科研成果，在教育方面为国家输送了大量工程技术人才。

新林院2号是蒋南翔的住所，旁边的操场上常常看到他在跑步的身影，这个锻炼习惯伴随了他一生，就算到了晚年，他也没有停止过奔跑。蒋南翔在教育的路上也从来没有停止奔跑，他推行了一个又一个重大教育改革，坚持因材施教，创立辅导员制度，设立新专业培养原子能、航空航天人才……他一直在前行的路上，开拓着他的下一个"真刀真枪"的教育改革。

百年巨匠 蒋南翔 Jiang Nanxiang

第十三章 为祖国健康工作五十年

蒋南翔一直是体育运动的忠实爱好者，无论寒冬或酷暑，从不放松锻炼身体，他到清华工作以后更是如此。在新林院教工操场或西大操场上，师生们经常可以看到一位跑步的长者，他跑的速度不快，但每次总要坚持跑完几千米。

1957年11月29日，全校体育工作干部大会在清华大学礼堂举行，学校的体育教师、运动员、学生会干部及体育积极分子300多人共同参会。蒋南翔一直把鹤发童颜、身体健硕的体育系教授马约翰当做榜样，他在这次体育工作干部大会上说："你们看，马老今年已经76岁了，还是面红身健。我们每个同学要争取毕业后工作五十年。因为年纪越大，知识、经验也就越丰富。老年应当是收获的季节，但有的人却未老先衰。因此要想在老年丰收，就必须在青年时代播种。"

蒋南翔在这次干部会上号召清华学生加强体育锻炼，首次提出了"为祖国健康工作五十年"的理念，把体育教育提升到一个新高度。

清华历来就有重视体育的传统，学校建校早期就以"校舍好、英语好、体育好"闻名。学校体育部最初对学生实行"强迫运动"，每天下午四点后，学校将寝室、自习室、图书馆、食品部等地的大门一律锁上，迫使全体学生到户外运动场依照各自的喜好进行运动。

直到1919年，清华"四大建筑"之一的体育馆建成后，清华的体育迎来了一个鼎盛时期，学校由此具备了开设体育正课的条件，随即把体育课列为全校学生的必修课。体育课成为正课之后，在学校持续

马约翰指导学生体育锻炼

将近 10 年之久的"强迫运动"就此终止。学校一直要求学生必须通过"五项测试",严格规定体育不及格的学生不准出国留学,也有学生因为体育不及格而没能毕业。

马约翰从 1914 年起开始担任清华大学的体育教师,他几乎见证并陪伴了清华大学的体育教育发展历程。他经常穿着标志性的马甲、衬衫、灯笼裤和半腿袜,神采奕奕地在大操场上指导学生的体育锻炼。

旧中国变成了新中国,旧清华变成了新清华,如今,马约翰是学校体育教研组主任,兼任中华全国体育总会主席,即中国奥林匹克委员会主席。他开创性地推动了清华大学体育工作的发展,也塑造了清华几十年的体育传统。

1953 年 3 月,蒋南翔刚刚就任校长,就在清华全体教师党、团员的讲话中说:"对于学生要订健康计划,保证同学一天有一两个小时的运动时间……以后体育不及格的不能毕业。搞好身体,这是一个政治任务。"

清华师生在学校参加运动的场景

为了搞好体育这个政治任务，蒋南翔也是绞尽脑汁，大招、小招、偏招齐上阵。

他不仅以身作则，还以师为范，把校领导、老教授都组织起来，成立了锻炼小组，由马约翰教授担任锻炼指导。学校先对教师们进行了一番专业体检，还找出了这些教师在学生时代的原始体格检查表，交给马老审看。马老对每位教师进行综合评估后，再"因材施教"地为他们制定锻炼计划。

很快，锻炼小组开始了每周两次，每次一个半小时的夜间锻炼。蒋南翔每到锻炼时间总是准时参加，校长带头按时上课，其他人就不好意思迟到或缺席了。每次的夜间锻炼也跟上体育课一样，先集合整队，再逐个点名。在马约翰的指导下，教师们各自进行着跑步、体操、拉力、打球等体育活动。

教师们的健康计划持续有效地推进，学生们的健康计划也在同步推进。1953年，国家确定在清华大学试点推行"劳卫制"（准备劳动与卫国体育制度），这是从苏联引进的一种鼓励民众积极投身体育锻炼的制度，也是新中国第一个体育锻炼制度。

学校将每天下午4点到5点定为学生的体育锻炼时间，任何单位不得侵占或安排其他活动。劳卫制主要以体操、跑步、跳、掷、爬绳、游泳、引体向上、俯卧推伸等项目组成，通过锻炼和测验来提高学生各方面的身体素质，分为少年级、一级、二级三种级别。

蒋南翔要求大多数学生在"一年级通过劳卫制一级，二年级通过劳卫制二级"，动员大学生积极参加体育锻炼。到了1958年，全校学生基本上通过了"劳卫制"一级，清华大学成了最早通过全市和全国"劳卫制"锻炼标准的高校之一。

蒋南翔还提出大力开展群众体育活动，让大部分学生都能参与进来，而最普遍的体育活动就是跑步。跑步运动最为简单易行，群众性高，锻炼效果好，还能避免场地拥挤。

为了推广跑步运动，蒋南翔建议在冬季召开大规模的越野比赛，在春季举行高速度运动会。这两项比赛都将按成绩排名颁发奖励，以此鼓励更多学生参加跑步运动。蒋南翔心里清楚，要推广更多类型的体育运动，还得靠举办纳容纳最多体育项目、全民可参与的大型运动会，这是搞好体育这项"政治任务"的一个大招。

1953年6月7日，清华大学举办了第一届全校田径运动会，这也是学校在解放后的第一次运动会，意义格外重大。全校7个系以及工会、工农中学、钢铁学院、航空学院等 11 个单位的 1500 多人报名参赛。教务长钱伟长、副总务长张镈、电机工程系教授钟士模等一批教师也参与其中。

蒋南翔在开幕式上说:"这次运动会不但检阅我们参加运动的普遍性和各项纪录成绩,而且要检阅表现在运动中的新道德,如集体主义、乐观主义精神,机敏、勇敢和纪律性等优秀品质。"

这次运动会,首次加入了女生高低杠作为表演项目,在比赛过程中,女子跳高、跳远、铅球、垒球、掷远等 9 项成绩均打破了清华在 1935 年的纪录,有的项目成绩甚至接近当时的全国纪录。蒋南翔欣慰地看到了学生们在运动会中的精彩表现,部分学生还展示出了接近专业运动员的水平。

运动会上的成绩对解放后四年来的全校的体育锻炼进行了最好的检阅,也是一次最好的总结。此后,清华大学每年校庆期间都要举行全校运动会,这个传统一直延续到现在。

1955 年,电机系自动控制专业的新生胡方纲刚入学就感受到了清华浓厚的体育锻炼氛围。马约翰教授在大礼堂为新生们上"第一堂体育课",教育他们:"要动,每天都要让心脏剧烈地跳动十分钟,这种心脏才有力量。"

70 多岁的马约翰声音洪亮,不用麦克风都能让大礼堂里每个角落的学生听清他的每一句话,胡方纲在这堂体育课上感受到了一个体育人的精神能量和独特魅力,对体育运动的热爱更胜从前。

刚进清华的胡方纲,体育成绩平平无奇,但他喜欢运动,一直积极参加学校的体育活动,每天下午四点半的广播一响,胡方纲就响应学校的号召,放下手中的功课大步奔向运动场。

他在日复一日的体育锻炼中逐渐展露出很好的田径运动特质,入学两年后，体育教师王英杰看中了他在三级跳远上的潜力，邀请他加入了学校的田径代表队，胡方纲也由此开始了更为专业的田径训练。

蒋南翔曾多次提到"学校体育运动、田径运动是基础"，他经常观看篮球、足球、田径比赛，总结这些运动如何与田径运动进行互助提升。

学生篮球队周末经常到市内体育场去参加表演比赛，蒋南翔时常出现在北海体育场木板架的看台上，这位穿着蓝布中山服的特殊观众，有时向周围的同志打听场上队员的情况，有时也激动地评论起场上运动员的表现。

蒋南翔逐渐总结出了一些经验："要进一步提高运动水平和成绩，必须加强速度、力量方面的素质训练。……有了速度，腿上有了劲，不但短跑成绩可以上去，对跳远、跨栏、接力跑乃至中长跑、全能运动都有影响。"

此后，学校每月都会召开一次"高速度运动会"，进行以男女100米跑和4×100米接力为主的速度比赛。学校开展高速度运动会时，蒋南翔总是早早地来到运动场，加入人山人海的观众队伍，支持和鼓舞着参加运动会的同学们。

小将胡方纲也参加了高速度运动会，他以超强的爆发力和惊人的速度打破了清华的百米纪录，跨进了11秒大关。其他运动员也以锐不可当之势屡创佳绩。

清华大学在蒋南翔的支持和指导下，于1954年成立了包括田径、足球、篮球和排球等项目的清华大学体育代表队，又在1957年建立了运动代表队队部。几百名来自各年级各系的男女运动员开始了集中住宿、集中用膳的组织生活。学校对他们进行思想上的集中教育、生活上的统一照顾和学习上的特殊辅导，代表队从原本松散的状态，变得团结有序，很快成为一个以体育为特点的全面发展的集体。

1958年，国家体委出台《体育运动十年规划》，为积极开展群众性的体育活动，准备在1959年召开第一届全国运动会。各省市极为重视，纷纷开始挑选和培训参赛运动员。

北京市也开始选拔运动员进行专业集训，集训队里有专业运动员、北京体院运动系的学员，还有清华等高校的业余运动员。这次清华田径队共抽调了30名运动员参加集训，胡方纲被分在了跳远组，开始了针对三级跳远项目的高强度训练，等待与全国各地的运动员一较高下。

蒋南翔曾说，现在的体育教育不能像旧中国一样在大学里养一批"头脑简单、四肢发达"的"体育棒子"。他的要求是，学生的体育成绩要好，但学习也不能差。

清华大学对于体育代表队队员的学习成绩要求非常严格，一旦成绩单中出现了红分，就得离开代表队。考虑到脱产训练会严重影响学生的学业，清华大学不惜自费在校内设立了一个集训基地，保证了参加田径、赛艇的20多位同学的训练，同时也帮助他们在训练之余可以跟班学习。对于必须脱产集训的同学，学校也在集训、比赛结束后制定了补课计划，或允许他们延迟一年毕业，以此保证学生的学业。

1959年的金秋九月，第一届全国运动会在北京盛大开幕，毛泽东主席、周恩来总理等国家领导人出席了开幕式。这一年是新中国成立十周年，也是全国三年经济困难时期，运动员们却不受其影响，保持着昂扬的斗志和极好的精神风貌。

清华大学有12名学生代表北京市参加全运会，他们在田径、自行车、摩托车等项目中，与众多体育运动员同场竞技，取得了不错的成绩。全运会圆满落幕,北京队最终排名第三,获得了一枚铜牌。

这一年,蒋南翔把清华体育代表队的运动员召集到家里座谈,胡方纲也在其中。蒋南翔认为大学体育教育要志存高远,他提出:"有的国家有大学生参加奥运会,而且取得较好的成绩,我们能不能有中国的大学生参加奥运会呢?体育比赛也要赶英超美……"

蒋南翔重视对专业运动员的培养,他也同样重视有潜力成为专业运动员的学生,因此,他提出了"业余赶专业"的教育目标,希望在业余选手中培养一些优秀运动员。这个目标既有战略意义,更有现实意义。

张立华于1960年考入清华大学化学系,他在迎新大会上看到"为祖国健康地工作五十年"的标语,备受鼓舞。他从上高中开始,就喜欢上了自行车运动,参加过北京市中学生的自行车比赛。张立华曾说,如果不是上了清华,自己就是一个在校业余运动员。他特别感谢当时的体育教授马约翰的用心指导,这位老人当时已经70多岁,却像小伙子一样精力充沛,活力满满。

当时清华大学提出了"业余赶专业"的口号,很多人认为不可能,张立华却把这些质疑化为了动力,立志要骑着他的自行车赶超专业运动员。

张立华很快加入了清华的自行车队,他们在训练时不是从清华西门骑到八大处,就是从清华骑到体院。70多岁的马约翰有时看到他们训练,也主动加入他们,马约翰的活力和体育精神一直感染着大家,也激励着张立华。

在六年的大学生活中,张立华一边学习,一边在课余时间参加运动训练,在文化知识不断丰富的同时,身体素质也在不断提高。从1963年起,张立华十多次打破自行车比赛的全国纪录,并在第二届全运会上获得自行车项目的四项冠军，同时打破了全国纪录，成为清华当年的"体育英雄"。张立华从20世纪60年代到80年代共打破27项全国纪录，开创了国内自行车的"张立华时代"，这个清华学子如愿以偿，成功将无数专业运动员远远甩在了身后。

1965年，蒋南翔在二教会议室与运动员、教练员、校团委、学生会干部的座谈会上，提出了学校竞技体育的目标，蒋南翔希望学校在几年内依靠自己培养出40个运动健将、200个一级运动员。

蒋南翔为鼓励运动员树立起了五个心：决心、信心、恒心、专心、虚心。他笑着说："这个目标，一年完不成就两年，两年完不成就三年，三年完不成就五年，五年还完不成，那就该打屁股了。"

1966年年初，清华的运动员张立华（自行车）、胡方纲（男子三级跳远）、蓬铁权（马拉松）、李作英（马拉松）、姚若萍（女子跳高）等12名优秀运动员获得运动健将称号，2名运动员达到一级运动员的标准，127人达到二级运动员标准，830人达到三级运动员标准。

蒋南翔不仅关心大学的体育，也十分关注中学的体育。他要求学校的体育教学应密切联系学生的身体健康，预防近视眼，保证学生的体质逐年增强。

1963年，三年困难时期过去，全国经济开始初步好转，中学也恢复了田径运动会，而清华附中在一次与兄弟学校的田径对抗赛中，几乎全军覆没，这次比赛暴露出清华附中体育教学的严重问题。蒋南翔要求学校要把体育教学抓起来，提出"不懂体育不能当中学校长"。

随后，清华附中开始号召学生"人人上操场、天天上跑道"，共青团员纷纷带头上跑道，校长也和学生们一起上操场锻炼。两年过后，清华附中在海淀区运动会上，一举夺得了男女初中、男女高中组的三个团体冠军，体育教学成果显著。

蒋南翔曾语重心长地说道:"我们常说不能误人子弟,既不能误人家孩子的学习,也包括不误人家孩子的身体。这就是教育工作者的责任。"

1964年是体育系教授马约翰在清华大学工作的第五十个年头,这一年,学校为马约翰举行了执教五十年的庆祝会,蒋南翔在会上激动地说道:"我们热烈祝贺马约翰先生在清华服务五十年,就是要认真向他学习。特别是学习他终身不懈地进行体育锻炼。把身体锻炼好,以便向马约翰先生看齐,同马约翰先生竞赛,争取至少为祖国健康地工作五十年!"

蒋南翔在七十岁时,还能坚持完成1000米的游泳,身体素质依然很好。在他心里,爱国是清华体育精神中极为重要的一个方面,"为祖国健康工作五十年"就是最好的体现。

蒋南翔(右一)和荣高棠同志(中)祝贺马约翰教授(左一)在清华大学执教五十年

百年巨匠 蒋南翔 Jiang Nanxiang

第十四章 『六十条』『五十条』『四十条』

1956年，蒋南翔看到了一份代电抄件，里面的内容让他感到揪心，这份抄件是北京石油学院副院长张定一和孙卓夫两位同志发送给石油工业部的求助申请："我院今年新增学生人数为去年的百分之八十，而建筑房屋，只增加了百分之二十，师资问题，虽然到现在正式方案还未下达，但在高等教育部工业司商谈结果，公共课、基础课、基础技术课教员，只能增加百分之三十，而且还可能减少。三年以来，我院一直在紧张被动地工作着，今年感到特别吃力。马上在九月一日前突然增加二千一百多学生及相应的教职员。居住生活条件，到了无法维持的地步，又没有足够的教师给他们上课。……因此在万不得已的情况下，恳请减少今年招生任务在一千二百人以下，同时还要进行一系列的措施才能勉强渡过去。时间非常紧迫，务请早日解决。"

　　1955年时，全国高校的招生人数是9.8万人，1956年就跃升到18.5万人。蒋南翔非常清楚，北京石油学院的这种情况，在北京市高等学校中不是个例，如果这类情况没有得到逐年改善，而是日益加重，那么这些高等学校将会出现无法进行正常教学的严重后果。

　　曾在1991年担任清华大学党委副书记的胡显章仍清楚地记得蒋南翔校长的一些经典理论，蒋校长曾提出领导干部要做恒温动物，当外面的温度高的时候，干部要冷一点，当外面的温度低的时候，干部要热一点。应该把清华大学的围墙铸得更高，开出一艘万人顶风船。

蒋南翔对教育的冒进一直保持着警惕，而他所担心的教育问题伴随着一系列的改革政策而逐年凸显出来。1956年8月3日，蒋南翔与杨述、宋硕联名在《北京日报》发表了《关于高等教育工作中的几个问题》，文中提到要解决高等教育发展中数量和质量的矛盾，要注意两个问题：

第一，我们必须严肃考虑"需要"和"可能"相统一的问题。……高等教育部关于高等教育的十二年规划草案中曾经规定今后十二年内高等学校要招生四百万人，增设三百余所高等学校。高等学校这样庞大的发展数字和迅速的发展速度，实际可能性究竟如何？大学心中无数。我们希望中央能够重视这个问题，并责成有关部门核实需要，考虑可能，加以解决。

第二，必须克服实际工作中的平均主义。在发展我国高等教育的问题上，为了既要满足当前实际工作对于干部的大量需要，又要使我国的科学技术迅速赶上世界先进水平，我们认为全国高等学校可以采取几种不同的学制。……而对于今后将要新办的大批高等学校，凡是条件不足的，可以暂时降低要求，适当缩短学制，精简教学内容，等到以后条件具备的时候再提高要求。

此外，蒋南翔等人还在文章中提出了"继续贯彻执行结合中国实际情况学习苏联先进经验的方针""加强高等学校的科学研究工作""加强学生工作""进一步加强高等学校里党的领导"等问题的意见。

1958年，教育界提出了"十五年普及高等教育"的目标，得到了中央的肯定和支持，也成为当时"教育革命"最重大的决策之一。由此，全国高校在1958年到1960年开始了连续三年的飞速扩张，一场浩浩荡荡的"教育革命"席卷全国，全国高校的数量在1957年仅为229所，到了1960年就多达1289所，基础教育领域的中等学校在1957年有12474所，到1960年就有50653所。小学从1957年的547306所，扩张到了1960年的736484所。农业中学、职业中学在1957年还没有，到了1960年就多达5万多所。

全国高校提出要破除"资产阶级知识分子"的权威，开始自设专业，学生自编教材，盲目进行学制改革试验。不少人还提出了建设万人大学，万人体育馆，十万人体育场的宏大目标。这些不切实际的规划严重超过了社会经济发展的承载能力，打乱了学校正常的教学秩序。针对教育领域出现的混乱局面，党中央决定进行全面调整。

1961年1月，教育部召开了全国重点高等学校工作会议，为了贯彻中央提出的"调整、巩固、充实、提高"八字方针，教育部提出对全国高等学校实行"四定"，即"定规模、定任务、定方向、定专业"，开始了全方位的教育整改。

教育部从3月起在时任中共中央总书记邓小平同志的直接领导下，开始草拟关于大学、中学、小学的工作条例。教育部部长杨秀峰负责起草条例的全面工作。高等学校工作条例的主要工作交到了教育部副部长、清华大学校长蒋南翔手上。

在蒋南翔眼里，高等学校的工作条例是学校的基本法规，是相当长时间里起指导作用的纲领性文件，这个条例一定要反映高等教育最基本最主要的工作规律，每一条规定都应当是经验总结的产物，因此，在制定条例的过程中必须广泛听取意见，进行充分研讨。

蒋南翔不仅听取北大、清华这些全国知名的重点大学的意见，还听取了一般高校的意见，做到集思广益，力求使调研资料趋于完善，切实可行。

蒋南翔带队在北京和天津等地的高等学校进行调查研究。调查的工作内容涉及高校领导体制、教学工作、仪器设备的损失和管理、图书馆工作、学生学习和生活等各个方面的问题。

第九届全国人大常委会副委员长、全国妇联原主席、教育部原副部长彭珮云，当年正任职北京市委大学科学工作部大学组组长、市委高等学校工作委员会委员，并参与到蒋南翔主持的条例起草工作中。

彭珮云与清华大学有着很深的感情，她曾在清华大学社会学系学习，后来担任过清华大学党总支书记，她离开清华后去了北京市委组织部的学校支部工作，后来加入了蒋南翔主持的条例起草工作。她当时和教育部高校司、华北局文教办公室的同志一起，用了近3个月的时间到北京大学蹲点调查，深入基层听取意见。

彭珮云回想起当年跟随蒋南翔一起工作的日子，对蒋南翔的工作状态和言传身教印象很深。在她的记忆里，蒋南翔为这项工作投入了巨大精力，条例文件形成的过程是调查研究、总结经验、探索规律的过程，蒋南翔力求使文件趋于完善，总是不厌其烦地进行修改。

起草的条例借鉴了1958年以前高等教育发展的经验，吸取了三年"教育革命"的教训，突出高等学校"以教学为主，注重提高质量"的规定。正确处理教学工作与生产劳动、科学研究、社会活动之间的关系，避免学生因参加过多劳动而影响学习。正确划分政治问题和学术问题的界限，改变排斥教师作用的现象，同时充分发挥老教师的作用，贯彻百花齐放、百家争鸣的方针。条例还对高校的后勤管理等工作作出了规定。

在起草条例的过程中，蒋南翔广泛听取教授和高校负责人的意见，与大家一边讨论、一边起草、一边修改，终于在6月下旬形成了送审稿。

1961年7月底，邓小平同志在北戴河主持召开中央书记处会议，会同中央文教小组、教育部、中宣部等部门的同志对条例稿进行逐条讨论，最后形成10章60条的《中华人民共和国教育部直属高等学校暂行工作条例（草案）》（简称《高教六十条》）。中央书记处对《高教六十条》的制定非常满意。邓小平同志几次提到文件很好，称赞这个文件解决了一个大问题。

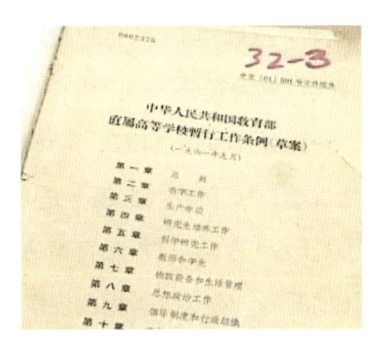

《中华人民共和国教育部直属高等学校暂行工作条例（草案）》

9月，在毛泽东主席的主持下，中央在庐山召开工作会议，会议审议了《高教六十条》草案，对条例草案给予了肯定，只做了极小的改动。毛泽东主席欣慰地说："总算有自己的东西。"

当月15日，中央批准了《中华人民共和国教育部直属高等学校暂行工作条例》，决定先在教育部直属的高等学校开始试行。

《高教六十条》提出了"高等学校的基本任务，是贯彻执行教育为无产阶级的政治服务、教育与生产劳动相结合的方针，培养为社会主义建设所需要的各种专门人才"。明确要贯彻教育方针，做到德、智、体全面发展；以教学为主，加强基本知识和基本技能的训练；生产劳动的时间一般每年一至一个半月；重视培养研究生工作；学校应积极开展科学研究，主要力量是教师；正确执行党的知识分子政策，调动一切积极因素，正确划分政治问题、世界观问题、学术问题之间的界限；贯彻"百花齐放、百家争鸣"的方针，提倡不同学术观点的自由讨论；做好师生的思想政治工作，正确处理红与专的关系；高等学校实行党委领导下的以校长为首的校务委员会负责制。

1961年9月24日，蒋南翔在教育部贯彻《高教六十条》的会议上说道："《高教六十条》是在总结12年来我国高等教育的经验，特别是最近三年来进行教育革命的经验的基础上，建立起新的、适合我国情况的一套高等教育的规章制度。"

《高教六十条》率先在26所教育部直属高等学校的范围内试行，到了1962年3月，周恩来总理在全国人大二届三次会议的报告中正式提出："这个条例可以在全国高等学校中试行。"

1963年初，全国实行《高教六十条》的高等学校达到222所，教育部直属的有24所，中央各部委领导的有71所，各省、市、自治区领导的有127所，其余高校也几乎都在依据这个条例来进行学校工作的改进。《高教六十条》明确了提高教学质量的工作核心，稳定和规范了教学秩序，让中国的高等教育逐渐回到了正确的发展轨道上来。

1962年5月，教育部在北京召开了高等工业学校教学工作会议，蒋南翔在会上分享了实施《高教六十条》的具体经验。南京大学地理系为了加强基础教育，曾经一度把数、理、化的学时从300小时增加到900小时，结果挤压了地理的专业基础课，而学生根本用不到这么多的基础理论，学了也无法消化。

蒋南翔在1962年6月8日的高等工业学校教学工作会议上，针对精选知识的话题为大家做了一个形象的比喻："工人把油漆物品时上的第一道漆称为'钻心漆'。这一道漆上得好，以后一层层漆上去，既牢固又有光泽；反之，如果第一道漆没有'钻心'，以后虽然漆得很厚，不久也会整块地剥落下来。这个比喻很好。我们现在宁肯学少一些，但是希望能够'钻心'。"

这也是蒋南翔一直提倡的"少而精"的教学原则,他一直强调"既要提高教学质量,又不要使学生学习负担过重",提倡教学工作要科学地放慢步调,这种放慢的策略也是为了更好地前进。

《中华人民共和国教育部直属高等学校暂行工作条例(草案)》是中国历史上第一个关于正规高等教育的历史性文献,它系统地总结了建国以来高等教育正反两方面的经验,具有鲜明的中国社会主义教育特色,对指导全国高校工作起了重要的作用,也为我国高等教育的改革和发展打下了基础。

在制定《高教六十条》的过程中,蒋南翔还主持起草了《全日制中学工作暂行条例》(简称《中学五十条》)和《全日制小学工作暂行条例》(简称《小学四十条》)。1963年3月23日,中共中央批准公布这两个《条例》,并发布了《关于讨论试行全日制中小学工作条例和对当前中小学工作几个问题的指示》,强调"提高中小学的教育质量,是一项具有战略意义的任务,应该把这个问题摆到党和政府的重要议事日程上来"。

《中学五十条》规定了中学教育的任务,是为社会主义建设事业培养劳动后备力量,和为高一级学校培养合格的新生。全日制中学必须保证全年有九个月的教学时间,一个月的劳动,两个月的寒暑假。中学不得任意停课。初级中学设置语文、数学、外国语、政治、历史、地理等课程,高级中学设置语文、数学、外国语、政治、物理、化学、生物、历史、地理、体育、劳动等课程。高中阶段可酌设农业科学技术知识、制图、历史文选、逻辑等选修课程等内容。

《小学四十条》规定了小学教育的任务,是为社会主义建设事业培养劳动后备力量,和为高一级学校培养合格的新生。全日制小学必须贯彻以教学为主的原则,保证全年有九个半月的教学时间(包括四年级以上学生全年劳动时间半个月），两个半月的寒暑假。小学不得任意停课。小学设置语文、算术、自然、历史、地理、生产常识、体育、音乐、图画、手工、劳动等课程内容。

高等学校、中学、小学三个工作条例比较系统地总结了新中国成立以来建设社会主义教育正反两方面的经验，初步规范了学校改革发展的章法，明确了教学方向，恢复和稳定了正常的教学秩序，为中国后来教育体系的构建打下了一个基础。1961年到1966年，中国的教育事业持续向好，成为建国以来教育发展的最好时期之一。

从上任清华大学校长起，蒋南翔就大刀阔斧进行教育改革，开拓出原子能、计算机等崭新的学术天地，也曾向着"又红又专"的方向开拓出一片政治思想天地，还曾面对全国盲目冒进的教育洪流，保持一贯的冷静，在关键时刻力挽狂澜，在无数关键时刻展现出他的定力、魄力和创造力。

1965年1月，蒋南翔升任中国高等教育部部长，走上了教育事业的一个新高点，也是他教育生涯的一个新起点。未来征途漫漫，他只怀抱一颗赤子之心，轻装简行地再次出发了。

百年巨匠 蒋南翔 Jiang Nanxiang

第十五章 老骥伏枥，志在千里

第十五章 老骥伏枥，志在千里

1966年，我国基本完成了国民经济的调整任务，开始执行发展国民经济第三个五年计划，谁也没有料到，"文化大革命"的出现打乱了所有计划。

"十年动乱"开始，蒋南翔被停职反省，下放到学校汽车厂的车间劳动，后来他又因受到迫害离开了清华大学。到了1976年10月，"四人帮"被粉碎，"文化大革命"的十年浩劫才宣告结束。蒋南翔从艰难的岁月中一路走来，终于迎来了曙光。

蒋南翔在"文革"中被"解放"后回到了清华大学，当时曾大力支持"四人帮"的迟群问他："你回来了，想做点什么？"蒋南翔只是质朴地说"要不我还劳动吧"。迟群当场同意了让蒋南翔先到汽车车间劳动，蒋南翔果真去了，他也天真地以为马上会有正式的工作，但是这个希望很快就落空了。

到了1977年，蒋南翔终于恢复了工作。但在当时的特殊形势下，他的工作安排受到了不公正的限制。他不能留在北京，也不能重返教育行业。最后，他被调去了天津，担任天津市委常委和市革委会副主任。

已经十年没有工作的蒋南翔，重新燃起了工作的热情，但他也慢慢发现自己并没有担任实质性的工作，他最主要的工作内容就是参观各种厂房和工程设施。蒋南翔在岗位上闲散度日，越发有一种无用武之地的失落。

教育部原副部长张保庆当年就在天津市政府工作，他很早就听闻了蒋南翔在十年"文革"时期的事，蒋南翔在"文化大革命"的高压之下，身处逆境却始终坚守信仰不作违心检讨，不承认施行资产阶级的反动路线。

蒋南翔十分坚定地说过："不能随便作检讨，实践是检验真理的标准。经过实践检验是正确的东西，你不能去检讨，不能去否定，特别是经过你们自己亲身实践了的事情，你自己来否定，这就不合适了，所以我不能作检讨。"

在当年的环境里，其他领导干部几乎全部作了检查，只有蒋南翔敢于坚持真理，不向时势妥协。他认为凡是被实践证明的东西就是正确的东西，就应该坚持。用他的一句话说就是"哪怕是上帝也不能拉回去"。

张保庆对蒋南翔一直非常敬佩，有一天，市委市政府机关干部开会，张保庆隔着较远的距离第一次见到了蒋南翔，但并没有机会认识。后来，一位"文革"前上海公安局局长调来天津担任常委，张保庆跟这位常委的女儿是同学，他在去父女俩的住处时与蒋南翔意外碰面了。

"你贵姓？"蒋南翔依旧话不多。

张保庆向蒋南翔介绍了自己，蒋南翔简单寒暄了一下，就开始商量工作上的事了。

不久之后，张保庆就调离了天津，人生充满转折，聚散常常难料，张保庆不曾预想到自己几年后还会与蒋南翔在另一个地方再相见，甚至一起共事。

此时的蒋南翔尚且不知命运如何，他被"困"在了天津，"困"在了一个"无忧无虑"的舒适圈里。让他有些许安慰的是自己竟然在他乡遇到了故知——唐宝心。

唐宝心和蒋南翔在同一年考入清华大学,与蒋南翔一起加入了《清华周刊》的团队。蒋南翔任总编辑时,他担任总经理,两人经常一起交流,研究出版工作的事。

唐宝心此时定居天津,他得知蒋南翔调来了天津工作后就赶紧前去拜访。此后,两人经常坐在一起聊天。蒋南翔向他倾诉着自己的困顿,虽然名为市委常委,却一直在坐冷板凳,他根本无公可办,时常独自去各高等院校看看,聊以慰藉。

蒋南翔的女儿蒋延佳曾回忆,"文革"以后有人劝蒋南翔,认为他跟那么多的领导都很熟,应该经常去领导家里跑一跑,这样对他有好处。蒋南翔不以为然,他只说道:"领导同志都很忙,如果纯属私人关系,去串门儿,有这个必要吗?"

蒋南翔极其渴望投身工作,却仍然保持着原则底线。他来到天津后,虽然整天都在虚职度日,却从未被生活消磨了意志。他曾写信给中央:"老骥伏枥,志在千里。烈士暮年,壮心不已。"

1977年是历史上极不平凡的一年,一场轰轰烈烈的变革正在酝酿,改革开放的春天即将来临。7月16日至21日,党的十届三中全会在北京召开,会议恢复了邓小平同志中央政治局委员、中央政治局常委、中央副主席、中央军委副主席等职务。复职后的邓小平同志自告奋勇主持科技、教育工作,他在与中国科学院负责人谈话时说过:"抓科研就要抓教育,我们要实现现代化,关键是科学技术要能上去。发展科学技术,不抓教育不行。必须有知识,有人才!"

邓小平同志开始全力推动中国的改革开放,并选择以教育战线作为突破口,中国拨乱反正的先声在教育界拉响了。

这年9月,在邓小平同志的直接领导下,教育部宣布恢复高考,改变"文化大革命"期间不考试的做法，恢复统一考试、择优录取的方式。至此，中国中断 11 年的高考招生制度再次启动了。

邓小平同志曾在 1977 年的"八八讲话"中提出："科学、教育需要有一个机构，统一规划，统一调度，统一安排，统一指导协作。" 9 月 18 日，中央政治局会议决定成立国家科学技术委员会，负责统一领导科技、教育工作。

10 月，蒋南翔收到了委任令，被任命为国家科委副主任、党组副书记，这位志在千里的"老骥"激动不已，他迫不及待地赶回了北京，在新的事业道路上重新奔跑了起来。

"全国科学大会"即将在 1978 年的春天召开，大会的任务是制定全国科学技术发展规划，交流经验，表扬先进，动员全党全军全国各族人民和全体科学技术工作者，向科学技术现代化进军。

蒋南翔担任大会秘书长，他仿佛有了使不完的劲儿，全身心地投入到大会的筹备工作中，开始了与各部门组织之间的协调事宜。

1978 年 3 月 18 日，全国科学大会在北京隆重召开，邓小平同志作了重要讲话，提出了"树雄心，立大志，向科学技术现代化进军"的口号。他明确了科学技术是生产力的马克思主义观点，强调四个现代化关键是科学技术的现代化，总结提出科学技术人才的培养，基础在教育，要大力兴办教育事业。

大会在热烈的氛围中进行着，蒋南翔等人也加入了讨论，关于中国的教育为什么出不了杰出人才的问题，蒋南翔表达了自己的观点。他认为一个国家的教育和科学跟经济水平、工业水平有很大关联。当国家工业发展到一定程度，国家的教育和科学研究也会有很大提升。过去的中国是一个半殖民地半封建性质的国家，工业十分落后，蒋南翔坚信，随着经济的发展和工业化的发展，科学和教育也会随之发

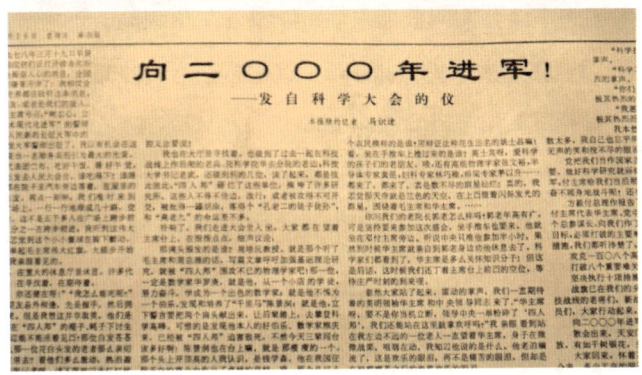

1978年，全国科学大会在北京召开

展，我国的科学研究终究会走在前列，更会随着我们工业水平的提升走到世界的前列，我们国家也必将出现一批杰出的科学家。

大家听完蒋南翔的这番言论，若有所思的同时，也感受到了蒋南翔对教育事业的热忱和关切，认为眼前这个心怀抱负的人早晚还会重回教育战线。

科学大会结束之后，邓小平同志就让蒋南翔带组调研，提出对高等学校进行拨乱反正的建议，蒋南翔随即开始了紧锣密鼓的调研工作。

他带领着国家科委干部组成的调查组去北京大学、清华大学、北京师范大学展开调研。彭珮云也在调研组里,她原本在北京化工学院工作,蒋南翔上任国家科委副主任后,就把她请来了科委。彭珮云十分敬重蒋南翔这位老革命家、老前辈,可以再与蒋南翔并肩战斗,她的内心是激动且欣喜的。

蒋南翔让彭珮云带了一个调查组到北京大学,开始了为期两个月的调查。调查组和校级领导进行了座谈,细致研究学校宏观层面的情况,同时深入各系,广泛找教师和干部谈心,并召开各方面人员都能参加的座谈会。调查结束后,彭珮云在蒋南翔的直接领导下,执笔完成了《北京大学调查报告》。这份报告于1978年5月下旬提交给了邓小平同志和方毅同志。

这份报告明确指出了北京大学面临的拨乱反正的繁重任务,学校需要加快进行思想统一,深入批判"两个估计",采取延安整风的方法,在分清是非的基础上把绝大多数干部团结起来,组成一支强有力的队伍来搞好学校的工作。

邓小平同志很快批阅了这个报告,并于5月31日召见北大党委书记周林和副校长周培源,将这个调查报告交给了两人。邓小平同志提出"文革"中的"两个估计"要推翻,要依靠北大原有的力量办学,应团结多数,不要另起炉灶。

北大党委听取了邓小平同志的指导意见,在学校传达了蒋南翔完成的这份调查报告,采取边工作边学习的方式进行教学整改,推进学校的教学工作。

《清华大学调查报告》也于5月30日上报给了邓小平同志,邓小平同志召集了蒋南翔、方毅和教育部部长刘西尧、清华大学校长刘达开会,一起讨论清华大学的问题。邓小平同志指出"清华的工作,突出的问题有学生问题、老师问题、房子问题,更大的问题还是思想问题",对蒋南翔当年创立的辅导员制度给予了很高评价,认为辅导员制度为学校和国家培养了"又红又专"的政治工作队伍,是个很好的经验。

除了《北京大学调查报告》《清华大学调查报告》,蒋南翔还完成了第三份报告,即《关于大量派遣留学生的报告》。

蒋南翔遵照邓小平同志的指示,针对大量派遣留学生的有关问题,把几位长期从事留学生工作的同志和科技干部局的同志组织起来,进行了深入细致的研究讨论。

经过反复研讨,蒋南翔于 8 月 12 日向邓小平同志提交了专题报告。报告提到了四个问题:

> 一、要不要派遣留学生到外国读大学本科?……今后在一般情况下,派遣留学生以研究生和进修人员(包括教师、工程师、科研人员)为主是应该的。……在目前条件下,派出一定数量的本科生仍有必要。
>
> 二、研究生、进修人员与本科生所学各类专业的比例应有所区别。……在自然科学方面,本科生学习理科的比重应该加大,研究生则应以学习技术科学为主,特别要注意新的科学技术、边缘和发展学科。……进修人员更应以技术科学和应用科学为主。
>
> 三、留学生的选拔应当统一考核。
>
> 四、研究生毕业回国后,应由国家统一分配工作。

邓小平同志同意了报告中的内容,并交由教育部办理实施。蒋南翔完成的三份报告,提出了关于高等教育拨乱反正的系统建议,而他接下来主持完成的一个会议报告,则更全面、深入地剖析了高校问题，也成就了他人生中的一个重大转折。

1979年1月4日至24日，蒋南翔主持了全国高等学校科学研究工作会议，会议由国家科委与教育部、农林部联合召开，60多所大学的负责人和教授共120多人参会。

蒋南翔在会上满腔热情、实事求是地回顾了新中国成立以来的重大教育事件：1952年院系调整、学习苏联进行教学改革、1958年进行教育大革命、1961年制定《高校六十条》、1962年召开广州会议、1964年春节讲话……

参会者进行了热烈的讨论，彭珮云负责会议的简报工作，她每天都在收集与会者的意见，把整理好的意见交给蒋南翔以报送邓小平同志、方毅同志。

会议结束后，蒋南翔带领彭珮云等人起草了这次会议的纪要，这个纪要凝聚了与会同志的心血，表达了广大高校师生的心愿，会议的纪要经过反复修改，十易其稿，最终形成了《高等学校科研工作会议纪要》。

《高等学校科研工作会议纪要》分为三个部分，第一部分回顾建国后的高等教育发展历程，肯定了"文革"前17年高等教育工作的成绩，也直接地指出了其中的缺点错误，但总体来说工作成绩是主要的。第二部分提到了当前高等学校工作重点的转移问题，高等学校应当把工作的重点转移到教学和科研工作上来。第三部分对高等学校的整顿和转变，提出了一些方针问题。

5月9日，国务院向全国各省、市、自治区，国务院各部门以及各个高等学校批转了《高等学校科研工作会议纪要》，这次会议是十一届三中全会后第一次全国性高等教育的工作会议，对全国高等学校的拨乱反正和教学改革具有重要指导意义，影响深远。

这次会议闭幕前夕，数十位高等学校的党委书记、校长联名上书党中央，要求把蒋南翔调回教育部主持工作。经邓小平同志提名，中共中央做出了一个重要决定，蒋南翔终于等来了这个期盼已久的机会，回到了13年前他曾经离开的那个战场——教育部。

第十五章 老骥伏枥，志在千里

百年巨匠 蒋南翔 Century Masters Jiang Nanxiang

第十六章 重回教育一线

1977年12月10日，关闭十一年之久的高考大门重新开启，570多万来自农村、工厂、部队的有志青年，意气风发地奔向高考的考场，参加中国历史上唯一的一次冬季高考。由于报考人数过多，国家一时拿不出足够的纸来印考卷，中央只好临时调用了印刷《毛泽东选集》第五卷的纸张。第二年3月，27万青年迈进了梦寐以求的大学校园，迎来了他们人生中意义非凡的一个春天。

1979年的这个春天，年逾花甲的蒋南翔迈进了教育部大楼，正式走马上任，时隔13年，他再度出任教育部部长兼党组书记。全国恢复高考开启了教育改革的全新时代，邓小平同志在前年5月24日关于《尊重知识，尊重人才》的谈话更让蒋南翔清晰了教育事业未来的改革目标，"五年小见成效，十年中见成效，十五年二十年大见成效"。

教育部召开了全体干部大会，蒋南翔在会上发表了就职演说，他很清楚未来要走的路，提出了教育部当前要抓好三件大事。第一件大事是"认真学习和贯彻三中全会精神，总结新中国成立28年来教育工作的历史经验，分清思想路线是非，加强安定团结"。第二件大事是"贯彻执行大、中、小学的暂行工作条例"。第三件大事是"制订全国教育事业的发展规划"。

一天，蒋南翔在教育部老楼的三楼会议室开会，竟然见到了一位面熟的朋友，他就是曾在天津工作过的张保庆。原来就在蒋南翔回到教育部工作后，张保庆也在工作调动中来到了教育部。

就在 1978 年，邓小平同志批准了蒋南翔提交的"关于留学生派遣问题"的专题报告后，教育部就开始快速推进这项工作，当时教育部的机关干部规模很小，只有 200 多人，派遣留学生的这项工作急需一批专业的管理人员。教育部随即向各省发布了通知，要选调一批既懂外文又有管理经验的干部加入留学生的派遣工作，每个省推荐 2 到 3 名。

张保庆毕业于北京外国语学院法语专业，他被推荐过来，参与留学生的派遣工作。到了 1979 年初，张保庆正式调入教育部，管理赴法留学生的外派工作。

蒋南翔在这次会议上向张保庆等参会同事传达了对中央书记处汇报教育的情况，随后，他拿出了一张六尺宣纸，画出一个解放以来中国教育发展的曲线图，挂在黑板上。

曲线图呈现出了中国教育的整体发展趋势，全国教育在 1957 年以前一直在平稳发展，到 1958 年时仍然形势向好，但趋势上升后就开始极速下落。

通过黑板上的曲线图，在座的同事回顾了中国教育事业的发展历史。随后，他们听取了蒋南翔总结的汇报要点，首先，教育要按比例协调，持续发展是最好的发展，一定要避免大起大落。第二，一定要处理好数量和质量的关系问题。数量固然重要，但质量更重要，没有质量的数量等于没有数量。

然而蒋南翔的这些汇报要点并未得到领导们的认可，他们觉得这些观点比较保守，就没有采纳。而在张保庆看来，保守和发展不能简单评判，人们现在的很多观点都缺乏辩证思维，有些东西该保稳就要坚决保稳，该发展就要大胆发展。蒋南翔过去提出的许多大胆想法都推动了教育行业的快速发展，而在该保稳的时候他决不冒进。在随之而来的一项工作中，蒋南翔再次证明了他的革新能力和魄力，又一次推动了教育行业的发展。

这一年，全国恢复了研究生招生，但学校招生时发现竟然没有参照的制度条例。1979年2月，党中央为发展研究生教育，决定在我国实行学位制度。蒋南翔受党中央的委托，开始主持起草《中华人民共和国学位条例》。

中国的"学位条例的草案"曾在"文化大革命"之前进行了三次尝试拟定，都没有成功。第一次是1954年至1957年，由林枫同志主持拟定。第二次是1961年至1964年，由聂荣臻同志主持拟定。前两次拟定的草案都做了大量工作，可惜由于当时"左"的思想影响，最后都半途而废了。第三次是1965年，周总理向当时的高教部作了专门指示，要为在我国大学本科毕业的外国留学生颁发学位证书。高教部根据周总理的指示，于1966年拟订了《关于授予外国留学生学位试行办法》，但由于"文化大革命"的出现，这套试行办法也没有顺利实行。

早在1951年时，国家就开始培养少数研究生，当时的研究生被称为"副博士"，均由苏联专家帮助培养，研究生群体的规模还很小。1957年，国务院第一次制定了关于发展研究生的意见，准备培养更多研究生人才，但只在少数高校做了试点，没有很好地推行下去。

1959年，蒋南翔开始担任教育部副部长，他分管的一项重要工作就是研究生教育。不久之后，他主持起草了《高教六十条》。这个条例总共十章，其中研究生教育占了一章三条，这也是新中国自成立以来，在高等教育的重要文件中，首次把研究生教育列入高等教育的范畴。

1961年9月，蒋南翔在教育部贯彻《高教六十条》的会议上说："我国比大学毕业生更高一级人才的培养，过去主要依靠外国，解放前依靠英美，解放后依靠苏联，今后必须逐步做到以自己培养为主。而建立培养研究生的制度，目的就是为了解决这个问题，它关系到实现我国教育独立的问题。"

如今，蒋南翔负责主持起草首个《中华人民共和国学位条例》，他深知责任重大，任务艰巨，为国家自主培养高级人才的第一步必须走稳、走扎实。

蒋南翔坚持实践是检验真理的唯一标准，他保持了一贯的严谨作风，准备在大量调研工作的基础上进行条例拟定。他组建起了起草小组，对他们提出了明确要求：第一，搜集我国过去两次起草学位条例的材料，研究其主要内容和工作经验。第二，到部分地区调查了解当地高等学校的现状。第三，调查70年代以来国外学位制度的情况和发展趋势。

蒋南翔主持的调查研究工作持续了近一年的时间，这项工作从表面上看似乎进展缓慢，没有太多实质性成果，一些同志就开始质疑这种工作方式，对此有了很大意见。

1979年10月，国家科委一位副主任就写信给方毅、胡乔木同志，"关于建立学位制度问题，我认为本来是一个比较简单的事情，因为六十年代制定的文件只要少作修改就可以报中央"，"可是这个工作交到教育部的某个机构之后，将近一年之久至今还处在'调查研究'的过程之中。这样旷日持久对我国科学的发展是有不利影响的。是否可以把原来文件取出来，由国家科委、教育部、国务院科技干部局出面，在北京召集百人左右有代表性的科学界代表人士，征求意见，改定后即报中央"。

蒋南翔召回了在外地的起草组同志，邀请国家科委、科学院、社会科学院、国务院科技干部局的负责同志一起开会，大家对1964年的条例和教育部新起草的条例进行了比较研究，交换了意见。

蒋南翔认为，新的条例应符合国家当下的国情。原条例在有些方面有许多好经验可以借鉴，但受苏联学位制度影响，原条例在一些重要问题上仍存在着重大缺陷，不宜照搬。

比如学位的分级问题，1964年拟定的学位条例，基本上采取了苏联的做法，只设博士、副博士两级学位，而大学本科毕业不设学位。我国宜采用多数国家通用的做法，与高等教育不同阶段相联系，设学士、硕士、博士三级学位。

同时，新条例还要考虑国际上的学位制度发展趋势，为此，起草小组又搜集了美国、苏联、英国、日本等国家和旧中国的学位制度资料进行了分析研究，编印了《苏联学位制度资料》《日本学位制度资料》和《旧中国及台湾学位制度资料》，这些重要资料为条例的起草工作打下了全面而权威的研究基础。

大家经过了认真探讨，决定仍以教育部起草的新条例为基础，再征求一些意见，进行修改后上报。

1980年1月14日，蒋南翔亲自主持起草的《中华人民共和国学位条例（草案）》上报到了中央、国务院。2月，人大常委会通过了《中华人民共和国学位条例》。叶剑英委员长正式发布命令，学位条例自1981年1月1日起，正式开始施行。

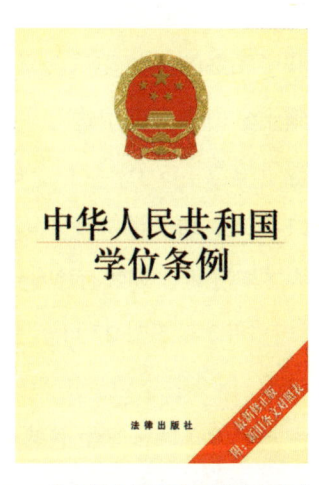

《中华人民共和国学位条例》

《中华人民共和国学位条例》是发展我国教育和科学事业的一项重要立法，新中国首个学位制度的建立，奠定了以后中国研究生教育的制度框架。

1981年9月7日，学位制度已实施了八个多月，蒋南翔在五届人大常委会第二十次会议上作了关于学位工作和加强学校思想政治教育工作的汇报，他在报告中提到这一年多来，教育部和国务院学位委员会以及各有关部委为了积极实施学位条例，在相互配合的过程中主要完成了三件事："第一件事，是建立领导学位工作的组织机构。""第二件事，是先后举行了两次国务院学位委员会会议，讨论制订了实施学位条例的几个文件；建立了国务院学位委员会学科评议组。""第三件事，是完成了我国首批博士学位和硕士学位授予单位的初审和复审工作。"

蒋南翔在会上总结道："我国是社会主义国家，我们的学位制度应该具有中国的特点，适合中国的国情，也就是要从我国实际出发，为我国的社会主义建设事业服务，使之成为世界上先进的学位制度。"

会议中提到的第三件事已有重大进展，早在一个月以前，北京召开了国务院学位委员会学科评议组第一次会议，对我国首批博士和硕士学位授予单位进行了复审。会议最终通过了我国首批博士学位授予单位145个，学科、专业点805个，可以指导博士研究生的导师1143人，硕士学位授予单位350个，学科、专业点2957个。博士的人才培养工作高效有序地进行，很快也迎来了开花结果的时刻。

1983年5月27日下午，一场隆重的学位颁发仪式在人民大会堂举行，国务院学位委员会和北京市人民政府为新中国首批自主培养的博士颁发了博士学位证书。18名博士接过印有金色国徽的学位证书，定格下我国教育史上历史性的一刻。

5月28日的《人民日报》在头版头条刊登了这则消息，题为《我国教育史和科技发展史上值得庆贺的一件大事　首都隆重举行博士和硕士学位授予大会》。

时任国务院学位委员会主任委员的胡乔木说："依靠自己的力量培养并授予博士和大批硕士，这在中国历史上还是第一次。这是我国教育史和科学发展史上值得庆贺的一件大事。"

《中华人民共和国学位条例》的制订和实施，为我国尖端人才的培养打下了基础。这是改革开放后，教育部完成的第一件大事，也是蒋南翔老骥伏枥之后，在教育战场上一展抱负的重要成果。

奔跑起来的蒋南翔不止是志在千里，他早已看到了大洋之外的远方，打算把教育蓝图拓展到全世界，在一个全新的高度和广度，为中国的留学教育破浪前行。

百年巨匠 蒋南翔 Jiang Nanxiang

第十七章 留学教育的破浪者

1978年12月18日至22日,中国共产党召开了意义重大的十一届三中全会,开启了改革开放的历史新时期。而在十一届三中全会前夕,中国的外交出现了两个重大转变,一个是同年8月,中国与日本签订了中日和平友好条约,第二个转变是同年12月,中国与美国发表正式建交的联合公报。在随后的几年时间里,中国与苏联的关系也逐步缓和。

十一届三中全会后,争取一个有利于我国现代化建设的国际和平环境成为全党的共识。这场中国历史上前所未有的大改革大开放,使中国的外交进入了崭新的历史时期,也使中国的留学教育进入了全新阶段。

1979年9月15日,蒋南翔率中国教育代表远渡重洋,开始了欧洲的教育访问。意大利、荷兰和英国的教育领导曾经来华访问,为了增进彼此友谊,进一步推动中国与三国的教育合作,中国教育代表团在蒋南翔的带队下来到了欧洲,这也是中国教育部部长第一次访问西欧国家。

蒋南翔带领教育代表团到达意大利后,与教育部长萨尔瓦多·瓦利杜蒂举行了会谈。意大利是世界工业强国之一,是古罗马文明的发祥地,也是文艺复兴的摇篮。中意双方达成了友好合作协议,打算在两国大学之间建立校际联系,意大利同意了增加派遣来华的留学生和访问学者。

荷兰紧临北海，地处欧洲大陆西北角，早在15世纪时，荷兰的一些城市就出现了最早的"培训学校"。到了16世纪，荷兰的高等教育进一步发展，最古老的大学莱顿大学在成立后几十年时间里，迅速发展壮大，成为欧洲极具影响力的高校，被誉为"欧洲的奇迹"。18世纪开始，荷兰的航海学校、军事学校、临床学校等纷纷成立，为荷兰培养了大批人才。

荷兰女王储贝娅特丽克丝和克劳斯亲王接见了蒋南翔为首的教育代表团，双方同意让北京大学与荷兰莱顿大学、清华大学与荷兰代尔夫特工业大学进行校际联系。同时，让鹿特丹大学医学系与中国有关大学建立联系。双方还同意了两国大学所属研究机构在医学、水利、能源、高能物理和中国文化等专业领域开展更多研究合作。

18世纪60年代，英国率先开始工业革命，培养了大量工人与职员，英国的经济高速发展，开始称霸世界，教育也进一步国家化，初等教育快速普及，中等教育也极速扩张。英国形成了教育委员会和地方教育局这样的教育管理系统，基本形成了"国家教育"。

中国教育代表团来到英国后，蒋南翔与英国教育科学大臣马克·卡莱尔进行了深入交谈，双方最终各确定了6所大学建立校际联系。英国决定向中国增派研究人文科学的研究生和学者，同时欢迎中国派遣普通教育代表团和电视大学代表团来英国访问。到1980年时，中国派到英国的留学生就增加到200—250人。

教育代表团带着丰硕的交流成果回到了中国，他们向世界走出了意义重大的第一步，为一批又一批留学生搭建出成才的桥梁。结束了西欧的访问之旅，蒋南翔等人很快又启动了新的搭桥计划。1980年5月，蒋南翔再次率中国教育代表团出国，考察联邦德国、法国和美国的教育体系。

教育部的张保庆当时正在中国驻法国使馆文化处负责教育工作，蒋南翔等人来到法国后，张保庆负责为中国教育代表团服务，并担任蒋南翔的翻译。

蒋南翔先后访问了两三个国家，在法国只待了不到一个星期的时间。在这短暂的几天时间里，蒋南翔就向张保庆发出了两次邀请，虚心向他请教一些教育问题。

张保庆坐在蒋南翔面前，感到诚惶诚恐，他刚调到法国一年多的时间，对中国和法国的教育情况都不算太了解，很难做出客观正确的解答。

蒋南翔察觉到了张保庆的紧张和拘束，他真诚地请他直言不讳，畅所欲言。蒋南翔善于倾听和平易近人的姿态让张保庆十分感动，张保庆的第一句话就说道："中国的教育太落后了，这样下去的话，即使我们改革开放，也不会取得很大的成就。"

张保庆花了一年半的工夫了解法国的中小学教育、大学教育。他深切体会到了中国教育的落后不只是相对发达国家而言的，就算与发展中国家相比，中国的教育也是落后的。

当时的法国已有两个口号，一个叫全面教育，即把教育普及到全部人口，第二个叫终身教育，人的一生都需要不断地接受教育。法国已经普及了高中教育，大学教育的入学率已经达到50%。

当时的中国还没有普及小学教育，更没有义务教育，除了极少工矿企业自己开办技校，职业教育根本没有。在成人教育领域虽然出现过少数夜校，经过了"文化大革命"的冲击，这些学校也都不存在了。

张保庆来自农村，深知农村的办学情况，也深感国内的办学条件太差。在国内，各地的初中教育规模都很小，一些农村地区甚至没有初中。高中教育规模也很小，幼儿教育条件更差，除了大城市能办一两所幼儿园之外,其他地方的幼儿教育几乎不存在。

当年小学生考初中比现在的高中生考大学还难。张保庆还清楚记得,当年他从小学毕业考初中时,20个人只能考上一个。初中生考高中也接近这个比例,20个人只能考上一个。"文化大革命"之后,国家百废待兴,财政困难,要普及义务教育,需要巨大的财政投入,穷国要办大规模教育,是一个难上加难的问题。

张保庆却很看好国内的本科教育,他一直认为国内的本科教育并不落后,本科教育的一大问题是缺少教学仪器。高校的办学条件严重影响了教学效果,B超设备、X光机、CT机等先进的仪器,只在学生的学习材料里出现过,在当时的教学过程中很难见到实物。而教师队伍对国外的学术发展都不太了解,长期的学术封闭,也影响到了教学水平。

1978年,国内恢复了高考,1979年招收了27万人,而此刻的本科和专科在校生才102万,毛入学率最多1%,100个成年人里只有一个人能上大学,国家要培养博士生,更是艰难。

联合国教科文组织的总部就在法国,这个组织一直在研究全世界的教育情况,张保庆从教科文组织调取了大量的资料,去学习各国的教育经验,总结教育方法。他认为中国不应只学美国的教育,美国的一些经验,中国学不了,而法国的教育体制与中国基本相似,法国的许多经验,会更适合中国。

当时的法国已在一定规模上普及了小学、中学、大学教育,除此之外,法国还有一个极为突出的教育优势,就是数学教育。法国从中学教育就开始重视数学,19世纪初的法国已是一个数学大国,当时的巴黎几乎是世界数学发展的晴雨表,这个国家还诞生了笛卡尔、费尔马等世界著名的数学家。

在法国，数学家可以参与到政府及工厂的决策工作中。这种开明的态度和政策，大大提高了科学职业和科学教育在法国社会中的地位和声望，吸引了大批年轻人献身科学，促进了法国科学事业的繁荣和科研成果的广泛应用。

法国也很重视工程教育，法国最有名的学校不是巴黎大学这类综合性大学，而是一些工程学校，这些学院类似于中国在"文革"期间所设的专业学院。法国的工程学校非常丰富，有高等桥梁学院、高等航空学院、高等研究学院、制度学院等学校。学院对工程师的要求非常严格，从工程学院毕业的学生更容易解决就业问题。许多学生考不上这类学校，才会选择上综合性大学。

蒋南翔与张保庆深谈了两个晚上，第一个晚上谈法国教育，第二个晚上谈中国教育。张保庆第二次与蒋南翔见面时，更加轻松自如了，蒋南翔保持着一贯的谦和态度，让张保庆倍感亲切。两人针对教育问题的话题逐渐展开，谈到了中国教育当前应该重点抓什么。

张保庆从联合国教科文组织的年度综合性报告里查阅了大量信息，总结了当时世界上的三种教育模式：一种是全面推进的教育模式，这是欧洲国家常用的模式，而美国也应属于从基础教育、成人教育、高等教育全面推进的教育模式。一种是只抓两头，一手抓基础教育，一手抓高等教育，许多发展中国家选择两头都抓。但也有不少国家只抓一头，只抓基础教育或是只抓高等教育。

张保庆根据中国的国情向蒋南翔建议，国家现在经济实力有限，全面推进比较困难，可能需要先抓两头，一头抓基础教育，一头抓高等教育。

张保庆的话让蒋南翔对中国的教育现状有了多角度的理解，他对法国教育的分析总结也让蒋南翔对国内的教育改革有了更多思考。

蒋南翔两次率团出访，对欧美发达国家的教育制度和教学成果印象深刻。代表团对考察教育过程中的所见所想进行了认真总结，将这些国家实施义务教育、大力发展职业技术教育和高等教育的教育模式和理念写进访问报告，上报给国务院。

1981年，教育部召开了第一次留学生管理工作会议，张保庆从法国赶回北京参会。这一天，他提早来到了会场，在会场中间找了个位置安坐下来，随后静待会议开始。

会场已坐满了人，开幕仪式即将开始，只等蒋南翔上台致辞。蒋南翔刚准备上台就看到了人群里坐着一位曾经陪他畅谈两个晚上的年轻人。蒋南翔在众人的注视下，没有走上讲台，反而走到了台下张保庆旁边。

"小张，你回来了？"蒋南翔寒暄起来。

"回来了。"张保庆受宠若惊地回应。

"今天晚上你到我那去，我要听听你对留学生工作的意见。"蒋南翔又向张保庆发出了一次夜谈邀请。他说完之后就回到了讲台上，整个会场的人都很惊讶，纷纷猜测起这个人跟蒋南翔到底有什么特殊关系。

到了晚上，张保庆来到南小楼，见到了蒋南翔。蒋南翔还同上次一样，希望张保庆直言不讳。张保庆又大胆地提出一个意见："停止本科留学生的派遣工作。"

张保庆经过考察和总结，认为除了语言类、天文学和舞蹈等少数艺术类专业可以派遣本科留学生，其他专业不建议派遣。他有两点理由，第一，中国大学的本科教育总体是不错的，虽然规模较小，但在知识灌输、教学设计和知识体系的建立等方面，并不比国外差。中国的本科教育是成功的，他至今仍坚持这个观点。

张保庆用物理这门专业来举例分析，因为物理比较难和复杂，学生只上本科并不足够掌握这门学科，还应鼓励学生继续读博士。总体算来，学生在国外要待12年，这对国家来说是一笔巨大的开支。在国家并不富裕的阶段，留学生的专业选定应做出更全面的考虑，进行更符合国情的调整。

张保庆的第二个理由，是他担心本科生留学之后会放弃回国，造成人才流失。中国已向法国派去了400个本科生，现在的留学生普遍阅历浅，政治上不够成熟，加上中国与西方国家的综合实力差距较大，留学生们难免受不了诱惑，不能做出政治上的正确判断。本科生尚且存在不回国的较大可能，更何况学历更高、留学时间更长的博士生。

哪些人更适合派遣出国呢？张保庆列举了两类人，第一类是各行各业的青年和中年骨干，他们出国进修一年到两年，一方面可以提高专业水平，另一方面可以开阔眼界，同时这些业务骨干有很深的阅历和正确的判断力，他们在留学结束后都会回国继续工作，为祖国贡献力量。

第二类是研究生，派遣研究生出国读博，人数还应适量，不宜过多。让学生们去博士教育最好的国家，比如法国、苏联、美国、日本，重点培养一批顶尖人才。

张保庆的话再次引发了蒋南翔的深思，或许蒋南翔早已听到过类似的言论，但可以确定的是蒋南翔赞同这些观点。后来，教育部发布了调整留学生派遣的文件，停止了本科生的派遣。

1978年以来的留学生，不仅担负起了向西方学习知识，完成学术开路的任务，还承担起建设祖国，推动国家经济发展的使命。随着一系列改革开放政策的实施，留学生的派遣政策在适应中国国情的基础上逐步完善。中国开始出现一次又一次留学高潮,留学的规模和强度在中国历史上是前所未有的。

据联合国教科文组织的一项调查显示,中国已迅速成为世界上最大的留学生派出国。到 2000 年底,全球留学生总数 160 多万,分布在全世界 108 个国家,而中国就有 38 万分布在世界 103 个国家;仅 2001 年,中国派出的留学生就有 5 万人;到了 2002 年底,全球留学生总数达 200 万人,中国留学生就有 48 万人。自 2002 年以后,中国公民出国留学人数每年都超过了 10 万人。改革开放以来的二十多年是中国留学教育史上一段极其辉煌的时期。

国家在教育资源有限的时候,把学生送出去学习世界先进知识,但蒋南翔深知派遣留学生不是单纯地把他们送出去,而是希望他们回来之后,用带回来的知识服务社会,建设国家,用带回来的理念完善教育制度,影响更多的后来者,让未来的中国在教育资源不再贫瘠的时候,可以自己的学生自己教。

百年巨匠 蒋南翔 Jiang Nanxiang

第十八章 全面教育,全面开花

七八十年代的中国，小学教育领域里有个"三、六、九"的说法：形式上有90%的儿童进了小学，能念完小学五年的不到60%，真正达到小学毕业文化程度的只有30%。蒋南翔心情沉重地说："我们搞了30年的社会主义建设，连普及小学都没有完成。"

中小学是基础教育，承担着双重任务，既要为更高一级的学校输送合格学生，又要为整个社会输送劳动后备力量。当时全国中小学生共有两亿一千万人，如果工厂的工人都具有高中毕业的文化水平，就可以大大提高全国的劳动生产率。蒋南翔一直认为青少年具有什么样的科学文化水平，在很大程度上决定着整个中华民族具有什么样的科学文化水平。

1979年5月5日，蒋南翔在全国中小学思想政治教育工作座谈会上做了题为《中小学教育要面向全体同学》的重要讲话："今年高等学校的招生数，只相当于应届高中毕业生的百分之四，至少有百分之九十六的高中毕业生不能顺利升学。……总之，中小学教育必须把双重任务很好地承担起来，不仅要面向百分之四，而且要面向百分之九十六，面向全体同学做工作。"

蒋南翔在文中谈道："我们要提高整个中华民族的科学文化水平，第一步要扫除文盲，普及小学教育；第二步要普及中等教育。"

蒋南翔在农村调查时看到了太多农村孩子上不了学，有些家庭里年长的和年幼的都不识字，他十分感慨地说："小学不普及，文盲难消啊，在沙漠上是不可能建成高楼大厦呀！"

而中等教育的发展在相当程度上体现了整个民族科学文化水平的提高。在国民经济恢复的初期，国家困难、学生困难，教师同样困难。蒋南翔曾在1980年12月13日的教育部教育工作座谈会上提道："中小学教师生活太苦，工资在各行各业中是倒数第一，特别是占小学教师百分之六十以上的民办教师生活没有保障。"

在1958年的公社化制度下，开展教学任务的教员基本是民办教师。到了1979年，民办教师占到农村中小学教师队伍的一半以上。

蒋南翔刚任职教育部部长后，就看到了一份表彰教师的材料，材料中提到了一些教师的生活状态，一位民办教师通过课余讨饭来维持生活，另一位民办教师由妻子讨饭来养活他。蒋南翔看后极为揪心，全国没有几所民办学校却有几百万的民办教师，这些民办教师一直在难以想象的艰苦环境中推动着国家教育事业的发展。

中小学的教学条件很差，教学场地和设备物资都极其匮乏。偏远地区的农村小学，出现了"扶持班"这种特殊教育形式。一个老师要教4个年级，在教室有限的情况下，1个班里常常同时坐着4个年级的学生。教育部原部长张保庆就曾当过一年的民办教师，他也教过扶持班，他的30多个学生分别来自4个年级。在这样的教学环境下，老师难，学生也难。

蒋南翔对全国的中小学教育现状极为痛心，他一直在为增加中小学教育经费、改善中小学教师待遇、解决民办教师编制等问题而奔走操劳。

1980年10月23日，中共中央书记处听取了教育部党组关于小学教育问题的汇报。蒋南翔和张承先对教育部的《小学教育汇报提纲》作了说明。书记处作出重要指示，中央办公厅正式下发了《中共中央书记处会议纪要》，会议决定，请教育部代中央起草一个关于教育问题的文件，发到全国执行。

这份即将起草的文件对于全国普及教育意义重大，教育部立即组织力量开始起草《关于普及小学教育若干问题的决定》（简称《决定》）。

最终完成的《决定》分为五个部分：第一，教育事业在四化建设中具有重要作用。第二，在80年代，全国应基本实现普及小学教育的历史任务，有条件的地区还可以进而普及初中教育。第三，普及小学教育，必须坚持"两条腿走路"的方针，以国家办学为主体，充分调动社队集体、厂矿企业等各方面办学的积极性，还要鼓励群众自筹经费办学。第四，必须营造尊师的良好社会风气，提高教师的社会地位，建设一支稳定、合格的教师队伍。第五，必须切实改革普通教育的领导管理体制，大力加强对这一事业的领导。

1980年12月3日，中共中央、国务院颁布了《关于普及小学教育若干问题的决定》。这个决定对于我国实施普及教育具有里程碑意义，是普通教育改革的创新之举。

回顾中国义务教育法的历程，孙中山先生在1912年的辛亥革命后，制定了第一个义务教育法，但未能顺利执行。从1912年到1947年，国民政府前后制定了十几个义务教育的法规和法令，也没有实施。

1982年12月4日，国家颁布了第四部宪法，第五届人大第五次会议通过的《中华人民共和国宪法》规定："国家举办各种学校，普及初等义务教育。"国家在前三部宪法里只规定了人民拥有接受教育的权利，并未明确人民具体要接受什么教育。在第四部宪法中，国家首次以法律形式确定了要在我国普及初等义务教育。

1985年，中共中央在《关于教育体制改革的决定》中提出把普及九年义务教育，作为四化建设的一项根本大业，开始逐步推进九年义务教育。1992年，国务院颁布了《中国教育改革和发展纲要》，第一次明确提出，全国要在20世纪末基本普及九年义务教育。

　　随着教育政策的推行，民办教师的处境也逐渐改善。80年代的民办教师学历水平参差不齐，除了高中文凭之外，初中文凭、小学文凭的教师不在少数，后来国家开始提倡"补学历"，一些教师就开始进修"文凭"，为他们以后从民办教师转为公办教师打下一个学历基础。

　　后来有人提议，取消民办教师，让他们停止教学。中国的民办教师，对中小学教育的发展起到了极为重要的作用，特别是对农村地区的中小学教育发展，民办教师更是立下了汗马功劳。他们没有工资，更没有社保，职业和生活都没有保障。教育界后来出台了应对政策，规定民办教师只要考试合格，就可以转正。还定下了一个目标，要在2000年底，让全国现有的民办教师全部转正。

　　几百万的民办教师一旦全部转正，成为拿工资的公办教师，政府财政将会面临一笔巨大的开支。部分财政吃紧的地区拿不出足够的钱，无法彻底实施"民办教师转正"的政策。随着全国经济开始好转，地方政府的教育政策日渐完善，民办教师的转正问题也逐步解决了。

　　中国的基础教育经历了从"人民教育人民办"到"义务教育政府办"的历史变迁。到了2000年，中国教育完成了跨世纪的"双85"目标：在85%的人口地区普及了九年义务教育，扫除了15岁到45岁的青壮年人群里85%的文盲；初中入学率达到85%。全国实现了基础教育的全面普及，为社会发展培养了大量后备力量。

中小学教育如蒋南翔所愿正逐步向全体同学展开，学生们有一部分通过高考走进了高等学校，大部分人走向另一条职业教育的道路，而中国的职业教育在改革开放初期同样是教育改革的一大难题，也是蒋南翔的教育改革重点。

1965 年时，国内普通高中在校生、毕业生分别为 130.8 万和 36 万，到了 1977 年就分别上升为 1800 万和 585.8 万，1979 年的高中毕业生达到了 726.5 万，而每年大学只能招收 20 多万学生，大量的高中毕业生不能升入大学。

在没有一技之长的前提下，学生的就业更为困难。每年有几百万知识青年等待就业，而经济建设的高速发展，又急需大量有技术的初级、中级人才，培养大批有职业技能的青年就成为教育改革的当务之急。

职业教育一直是蒋南翔心里亟待解决的重大难题，他早在 1980 年的 5 月出访联邦德国时，就把西德的"双元制"职业教育制度作为了考察重点。

双元制是职业学院与企业的职业培训相结合的一种模式。所谓的"双元"，是指学生有两个学习地点：高校和企业。这种模式培养出的学生更善于进行知识的实际运用，有更强的实践操作能力。

蒋南翔在联邦德国巴伐利亚州访问期间，巴伐利亚州教育文化部长汉斯·迈耶教授在慕尼黑的四季饭店举行了欢迎宴会，州文化教育部总司长、著名教育家卡尔·伯克博士向蒋南翔提出了一个问题："部长阁下，中国拥有十亿人口。作为中国这样一个大国的教育部长，您最关心的是什么事情？"

蒋南翔提到了三个问题，其中一个就是中国的职业教育问题，他提到一些普通中学要向职业学校转变："职业学校的比例要提高。不可能让所有中学毕业生都上大学，相当大部分中学生必须学会至少一门技术，毕业后能够从事生产劳动，能够就业。"

满头银发的伯克博士对蒋南翔的教育理念和远见十分赞同，他深有同感地说："孩子不受教育，长大之后必然成为社会的包袱。有识之士都说，不怕三百万工人失业，只怕三百万少年失学。"

伯克博士向蒋南翔发出了热情邀约，请他派两位精通德语的学者来德国考察，全面了解德国的教育制度。

"贵国教育制度，有许多成功的经验，值得我们借鉴，我将尽快派人到慕尼黑去。"蒋南翔欣然回应。

1980年秋，伯克博士应邀访问中国，拜会了蒋南翔，他还提到了与蒋南翔在慕尼黑四季饭店的谈话，对这个话题记忆深刻。他在与蒋南翔的交流中回想起了德国是如何在战后恢复教学的，当时的德国几乎成了一片废墟，人们住在地窖里、瓦砾堆里，经历了他们最困难的时期。在如此艰苦的条件下，国家的首要措施是恢复学校教学，学生的学业一天都不能荒废，不论是教堂还是酒店，全都用来当作学校。

蒋南翔深有感触地提到，中国经历了"十年动乱"，教育遭到严重破坏，教师受到歧视，学生蹉跎了光阴。国家需要耗费巨大的财力和人力来扭转教育困局。德国的义务教育强调学生家长有义务让学生接受教育，令人深受启发，德国的职业教育也很有特色。

伯克博士提出德国战后的经济奇迹就是重视教育的结果，德国双元制的职业教育非常严格，它让学生在学校和企业里同步接受理论和实践的教育，也让学生接受了职业道德、职业组织纪律性的职业实践训练，双元制培养了一大批高质量的技术工人，成为德国经济发展中的秘密武器。

蒋南翔坚定地说："我们过去也抓过职业教育。当年我们的国家主席刘少奇曾经提倡过职业中学。今后我们还要大力发展职业教育。"

蒋南翔和教育部党组最早提出了改革中等教育结构,大力发展中国的职业技术教育。1980年10月7日,国务院批转了教育部、国家劳动总局《关于中等教育结构改革的报告》。这份《报告》提出要多种形式并举,大办中等职业教育:"中等教育结构改革,主要是改革高中阶段的教育,要使高中阶段的教育适应社会主义现代化建设的需要,应当实行普通教育与职业技术教育并举,全日制学校与半工半读学校、业余学校并举,国家办学与业务部门、厂矿企业、人民公社办学并举的方针。县以下教育事业应当主要面向农村,为农村的各项建设服务。"《报告》为新时期职业教育改革发出了先声,对中国的职业教育影响深远。

中德双方在蒋南翔的大力推动下陆续开展了交流合作,蒋南翔派遣了北大的德语教授张玉书和教育部外事局一位干部吴秀方去德国巴伐利亚州考察教育。考察队参加了司长们的重要会议,还去了各类学校参观访问,他们针对每一个司、每一个处都进行细致全面的考察,深入了解德国教育。

蒋南翔听取了考察团队的汇报意见,最终与德方确立了几个合作项目。合作的首要大事是建立建筑工业技术工人培训中心和小学师资培训中心,同时要建立一个德语培训中心,帮助出国进修的人员解决语言的问题。

最终,建筑工业技术工人培训中心设在南京挹江门小学,小学师资培训中心设在上海教育学院,德语中心则设在北京大学。1982年,南京和上海两个培训中心选拔的出国培训人员,开始在北京大学德语中心进行强化训练。很快,中德双方的合作项目已扩展到九个。

北京大学的德语教授张玉书在伯克博士访问中国的时候担任翻译，他在《南翔同志和伯克博士》一文中里回忆了他送伯克博士返回宾馆时的场景，伯克博士在车里对他说道："我见到的教育部长很多，像蒋部长先生这样精通教育、热爱教育事业的部长，还不多见。他是一个学者，一个真正的教育家。"

蒋南翔的教育理想如同一棵大树，这棵树曾扎根在贫瘠的土地上，在各种恶劣的气候条件下依然顽强生长。蒋南翔全力打牢了中小学教育的基础树干，一面为高等学校输送学术人才，一面为整个社会输送职业人才，践行着面向全体同学的全面教育，这棵大树如今已在精心耕耘的教育土地上茁壮成长，枝叶繁茂，花团锦簇。

百年巨匠 蒋南翔 Jiang Nanxiang

第十九章 功成身退

在蒋南翔的女儿蒋延佳的记忆里，父亲在新中国成立后就没有回过宜兴老家。当年的国民党"二二九"大逮捕事件过后，蒋南翔离开了清华，他在去上海的途中回了一次宜兴，大约待了一周时间，这也是蒋延佳印象里父亲最后一次回老家。

新中国成立后，老家的人有时会来拜访蒋南翔，托他帮一些忙，在物资短缺的年代，什么稀奇古怪的忙都有，比如请他帮忙弄拖拉机，或者调拨木材等物资。蒋南翔都婉言谢绝，说自己不是商务部的，不管这些物资，找他也没有用。

蒋南翔回到家后对女儿说起这些事，他也表明了态度，即便有办法通过疏通关系来解决问题，他也不能做这个事。因为这些事是当地政府应该统筹考虑的。如果求助的人是最困难的，政府首先就会救助你，如果这个人本身就比较富裕，也不能因为他是蒋南翔的老乡而受到特殊照顾。

蒋南翔的"做事原则"同样严格要求着自己，他在"文革"期间处境十分艰难，也从头到尾都没有向领导们寻求过帮助和庇护。但蒋南翔也并非从来没有走过关系，在一些特殊情况下，他也会打破自己的原则，申请"特殊处理"。

在蒋南翔担任清华大学校长时，学校准备扩大校园面积，就在此时，蒋南翔得知一条铁路要穿过清华新校园的地界，这条铁路的修建不仅让清华的扩建计划受阻，还会产生一些安全隐患。蒋南翔为此多次找市委协调，动用了他所有的关系才解决了这件事。

当年蒋南翔在与钱学森签署人才培养的合作协议后，合作的项目遇到了阻碍，他便向时任副总理聂荣臻寻求了帮助。蒋南翔与周恩来、陈云等领导都有较为密切的关系，但只有在学校和教育的事上遇到了最困难的问题时，他才会想到要走走关系。在蒋南翔心里，教育一直是他的终身事业，而不是一个职业。

1982年1月，中共中央和国务院的机构改革工作开始进行。一个月后，中共中央发出了《关于建立老干部退休制度的决定》。邓小平同志提出："精简是革命，选贤任能也是革命。出要解决好，更重要的是解决进。"蒋南翔认真完成了这项革命工作，按照中央关于干部退休制度的决定退出了教育第一线，改任教育部顾问。在蒋南翔心里，教育不是他一个人的事业，而是更多人接力的共同事业。

蒋南翔自1979年1月开始主持教育部工作，到1982年4月退出领导岗位，历时三年零三个月。他坚持中国教育的发展战略要从中国实际国情出发，提出要解决好经济建设和文化建设的比例问题。他大力普及小学教育，改革中等教育，发展职业技术教育和成人业余教育，整顿提高全日制高等学校，起草学位条例，在我国首次建立了学位制度，使中国教育事业得到了恢复和发展，初步实现了邓小平同志在"八八讲话"里提出的"教育事业要五年初见成效"的奋斗目标。

蒋南翔离开教育一线后，有人向书记处推荐他到中央党校协助校长王震同志工作，任第一副校长。王震自从这年4月任校长以来一直没有找到合适的助手，得知有人推荐了蒋南翔来担任副校长，他十分高兴。

1982年7月4日，蒋南翔因脑血栓住进了北京医院治疗，王震十分关心蒋南翔的病情，亲自看望了他，王震热情欢迎蒋南翔来党校任职，希望他先到党校报到，再回去继续养病，过一段时间再开始工作。有人认为党校的工作繁重，担心蒋南翔的身体吃不消，还有人觉得党校情况复杂，不易管理，纷纷好意劝说蒋南翔不要去，建议他在家里写写回忆录，安享生活，静心养病。但蒋南翔还保持着高昂的工作热情，他没有听从亲友的劝说，以迎难而上的精神再次挑起了中央党校的重担。

8月23日，王震主持党校的校、部两级领导干部及顾问参加的会议，在会上正式宣布中共中央任命蒋南翔为党校第一副校长。蒋南翔带病前来报道，还完成了即席发言。

上任后的蒋南翔视革命工作高于一切，他不愿继续住院养病，想要尽快投入到工作中去。在医生的极力劝阻下，蒋南翔才放弃了出院的想法。而在住院期间，蒋南翔并没有停止"办公"，他调阅了有关党校办学方针的文件，邀请了党校的领导、教授过来交谈，听取他们的意见。

1982年9月，蒋南翔参加了中国共产党第十二次全国代表大会，会议把实现领导干部的新老交替问题提到了重要位置，党校和干部学校要"担负起对干部进行正规化培训的任务"。一位代表提到了党校干部的正规化培训在"战争年代不能办，建国以后没有办，十年动乱没法办，十二大以后必须办"。

蒋南翔深受鼓舞和启示，燃起了办好党校的斗志。蒋南翔开始思考，正规化党校的办校方针是什么？党校要办成什么样子？党的十二大结束以后，蒋南翔就迫不及待地出院了。

中央委员会副主席和中央政治局常委陈云同志用黄埔一二期来比喻党校，表明各级党校在今天要成为培养党政领导骨干的重要学府，党校应该招收最优秀的人才，施行最优良的培养教育，以便使学

1985年5月,蒋南翔在中央党校

员们将来能在各级领导岗位上发挥积极作用,实现党校教育的最大效益。

　　投入到党校工作中的蒋南翔依然像五十年代那样,不拘小节,喜欢和教师、学员接触,进行座谈交流。而对于座谈会上各种各样的意见,不论是尖锐的或是反对意见,蒋南翔都耐心听取。他从不发号施令,疾言厉色,也从不把自己的想法强加于人,总是用商量的语气与人正面讲道理。

　　1983年,在蒋南翔的倡导下,中央党校设立了党史研究班。蒋南翔准备组织人员,编写一本关于"一二·九"运动的简要历史。这件事其实已经酝酿了很久,早在1982年的4月时,清华大学举行了"一二·九"老战士聚会,为了纪念"一二·九"运动五十周年,继承和发扬光荣革命传统,大家一致觉得应该通过广泛收集史料,编写一本"一二·九"运动简史,这本书的编写任务交到了蒋南翔手上。

　　韦君宜、何礼、黄秋耘等几位"一二·九"老战士加入了党史研究班,共同参与到了编写工作中。他们访问当年运动的领导者和参与者共百余人，收集整合了多方资料，最终完成了《"一二·九"运动史要》，这本书在 1986 年 11 月正式出版。

蒋南翔风趣地以《论语》里的"发愤忘食，乐以忘忧，不知老之将至"来自励，年逾古稀的他仍保持着战斗在一线的精神状态，他的工作强度也不比以前小。

有一段时间，蒋南翔全天都在党校忙碌，到了中午从就近的食堂打来一点饭菜。他的饭菜十分简单，一个馒头，一个菜或两个半份菜，有时再要一碗粥，这就足够了，他偶尔也自己煮面吃。

1986 年 1 月 27 日，蒋南翔由于长期过度疲劳、超负荷工作，导致心脏病发作。他被紧急送进了北京医院，被诊断为急性心肌梗塞。蒋南翔的心肌已经大面积受损，必须立即留院治疗。住院期间，他又开始了在医院办公的生活，常常找来党校的同志谈工作，或调来一些文件审阅。

不久之后，蒋南翔的病情进一步恶化，他已无法参与到关于党校教育正规化的集中辩论。为了向更多的同志讲清关于党校教育正规化建设的起源、根据和是非曲直，蒋南翔决定编辑出版《关于党校教育正规化的探索与实践》一书，把他主持党校工作以来的言论和重要讲话都写进书里。

到了这年 5 月，蒋南翔的病情稍稍好转，他便派人把他的一些报告、讲话和文章送到医院，系统地精选出有关党校教育正规化的重要内容，准备把这些内容编印成册。有的同志建议书名定为《向党校教育正规化道路迈进》。

蒋南翔说道："还是叫探索与实践吧，今后要做的事情还很多。这个工作没有现成经验可资遵循，只能边探索、边实践、边总结。"

蒋南翔特别嘱咐要把他在中央党校校委报到第一天的讲话记录

找出来。他拿到讲话记录后指着一段文字说:"今后,我们要在过去工作成绩的基础上,承前启后,继续前进。"他继续说道:"这就是我到校工作的初衷。"

蒋南翔为了一句普通的话,还要严谨地找出根据,就算在病床上,他依然保持着这种过分认真的工作态度。蒋南翔就在这种打打停停、停停打打的状态下,在医院里度过了他生命中的最后两年。

1988年1月,蒋南翔被医院诊断为胃癌晚期,他的身体每况愈下,最终卧床不起,夫人吴学昭日夜守候在他身边,寸步不离地照顾他。

大约在两个月后,71岁的韦君宜在女儿的搀扶下来医院看望蒋南翔。此时,蒋南翔的病情已经十分严重,他躺在床上,不能动,也不能吃,连眼睛也无力睁开,每天只能喝点人参汤。

夫人吴学昭轻轻叫醒蒋南翔,蒋南翔努力睁开眼,勉强说出一句话:"我们的'一二·九'总算出书了?"

韦君宜点点头。

蒋南翔接着又问:"韦毓梅、孙世实他们的纪念文章都写了吗?"

韦君宜说都写了,蒋南翔心里踏实了。蒋南翔的小孙女临别时正要去和爷爷握手。蒋南翔晃了一下头,然后看向韦君宜,嘴里挤出一句很不清晰的话:"和这个姥姥握手。"

韦君宜几乎要落下眼泪来,这位被病魔折磨两年多,如今躺在床上一动不能动的老人,心里还装着别人,装着事业,装着他所能想到的一切。

蒋南翔为事业战斗到了生命的最后一刻,《党校教育正规化的探索和实践》一书已经开印,蒋南翔没能等到书的出版,但他如愿看到了样书。

1988年5月2日的下午，蒋南翔已经生命垂危，大夫们正在做最后的抢救，拒绝一般探视。陈维仁在《为党校教育正规化鞠躬尽瘁》一文里回忆了他被特许进病房看望蒋南翔的场景。当时，病房内外是一派紧张肃穆的气氛，各种监测抢救器械包围着他，他已不能动弹，安静地双目紧闭，躺在病床上。

　　陈维仁走近蒋南翔的病榻，默默站立了几分钟。蒋南翔的夫人吴学昭附在他耳边说："南翔，维仁同志看你来了。"蒋南翔眼皮、嘴唇微微一动，眼睛无法完全睁开，已说不出一句话了。

　　第二天下午，噩耗传来，蒋南翔走完了生命的最后一程，终年74岁。

　　新华社、人民日报公布的《蒋南翔同志生平》里高度评价蒋南翔同志为"忠诚的共产主义战士、无产阶级革命家、马克思主义教育家、我国青年运动的著名领导者"。

　　蒋南翔的女儿蒋延佳在张克澄的《我的父亲母亲》里读到过一句话，书中说"父母像一本书，不到一定的年纪读不懂；当能读懂时，他们已远在天国"。

　　蒋延佳在退休之后开始整理父亲写过的文章，逐渐理解了父亲为什么常常邀请学生到家里来，为什么和同事、学生在一起的时间远远多于家人，为什么除了工作还是工作……

　　蒋延佳还不时回想起父亲的教诲，父亲曾对她说要做好工作，首先要掌握好理论，要多读历史，不仅要多读中国历史，还要熟读世界历史。读史令人明智，让人拥有更长远的眼光去看待问题。第二，一个人要有一技之长，为人民服务不能停留在口号层面，不能搞空头政治，必须拥有为人民服务的真才实学。

　　蒋南翔还给女儿打过一个比喻，人就像钱币，钱币有一个表面价值，人也有，而人的实际价值应该高于表面价值。蒋南翔不懈追求的就是他为人民服务过程中的实际价值。一个人在历史上会留下什么评价？专业好、能力强是一部分，但这只是很小的一部分，关键还要看他在工作后的表现，看他在工作中对人民和社会有什么贡献，一个人要经得起历史的检验。

1989年，《蒋南翔纪念文集》正式出版，陈云同志为书题词：蒋南翔同志一生唯实求是献身党的事业。

百年大计，教育为本。如今，我国开启了全面建设社会主义现代化国家的新征程，党的二十大报告提出："教育、科技、人才是全面建设社会主义现代化国家的基础性、战略性支撑。"党和国家事业发展对高等教育的需要，对科学知识和优秀人才的需要，比以往任何时候都更为迫切。此刻，我们不会忘记马克思主义教育家蒋南翔为新中国教育事业做出的贡献。

陈云为《蒋南翔纪念文集》所作的题词

蒋南翔是建设中国特色社会主义教育的开拓者、奠基人。在从事教育工作的过程中，他一直紧密结合中国的实际情况，以成功的教育实践和深邃的教育思想，丰富了我国社会主义教育理论。他一生孜孜不倦地求实创新，坚持原则，敢于为真理而斗争，是一位令人崇敬的马克思主义政治家、教育家，更是为中国教育事业鞠躬尽瘁的一代楷模。

参考书目

- 方惠坚、郝维谦、宋廷章、陈秉中：《蒋南翔传》，清华大学出版社，2005年。
- 方惠坚、郝维谦：《蒋南翔思想教育研究》，清华大学出版社，1999年。
- 方惠坚、张思敬：《清华大学志（上、下）》，清华大学出版社，2001年。
- 清华大学《蒋南翔纪念文集》编辑小组：《蒋南翔纪念文集》，清华大学出版社，1990年。
- 金富军：《蒋南翔青年运动与青年工作文集1932—1952》，清华大学出版社，2023年。
- 清华大学校史研究室：《清华大学史料选编》第6卷第1—6册，清华大学出版社，2007—2023年。
- 中国高等教育学会、清华大学：《蒋南翔文集》，清华大学出版社，1998年。
- 中央教育科学研究所：《中华人民共和国教育大事记》，教育科学出版社，1983年。
- 史宗恺：《双肩挑：一项大有出息的负担：清华大学辅导员校友访谈录》，清华大学出版社，2014年。
- 中共中央党校党史研究班：《一二·九运动史要》，中共中央党校出版社，1986年。

- 蒋行知:《马克思主义教育家蒋南翔》,上海人民出版社,1990年。
- 陈旭:《深切的怀念·永恒的记忆·纪念蒋南翔同志诞辰100周年》,清华大学出版社,2014年。
- 清华大学校史研究室编:《清华漫话》,清华大学出版社,2009年。
- 邓卫:《清华史苑(百年校庆)》,清华大学出版社,2011年。
- 徐祖哲:《溯源中国计算机》,生活·读书·新知三联书店,2015年。
- 王甘棠、孙汉城:《核世纪风云》,科学出版社,2006年。

编导手记

窗中云影任东西南北去来

本集编导　贾娟

蒋南翔是谁这个问题，从创作之初，延续至今。时至今日，为期近一年的创作接近尾声，在此尝试对此次创作进行一个总结，梳理创作思路，与诸君分享些许心得与体会。

有人说纪录片的核心是真实，而在多次的纪录片创作过程中，我渐渐发现所谓真实，往往是包含着主观的虚构，一切源于真实，而成于虚构。

走过蒋南翔先生的故乡，我们看到了初春时江南水乡的浪漫，潺潺流水、伫立百年的桥梁，高塍县城小巷中传来若有似无的叫卖声，空气中飘荡的猪婆肉的味道，这些真实的存在，不断提醒我们，这里似乎与蒋南翔先生幼年时的场景如出一辙，但消失的故居、随处可见的广告牌，让我们的思绪不断被拉扯到现实，那些被岁月保留下来的痕迹和现代化的发展交织在一起，让我们决定放下手中的摄影机，慢下来，听听经历过蒋南翔先生那个时代的人们，怎样诉说他们记忆里的高塍县、蒋南翔先生。

邻居杜乃立回忆了孩童时的蒋南翔先生，"孩子王""很有号召力""讲话很有分量"是他记忆里的蒋南翔。时隔百年的人物记忆碎片，被拼上了一块。高塍县新建的蒋南翔小学的博物馆里，摆满了关于先生的事迹，而关于蒋南翔是谁的问题，伴随着周一升旗仪式下少先队员入队仪式的背景音乐，似乎有了个模糊的轮廓。

我们尝试着去再现出回忆录中，先生与妹妹蒋寒梅的对话，再现夕阳下从学堂回家的路途，再现当时可能发生的只言片语，道旁的小桥流水、草丛中的蒲公英，这一刻真实与虚构交织在一起，真实是虚构的内涵，而虚构是真实的外延。

受革命先驱万益影响的蒋南翔先生，16岁离开宜兴前往镇江继续学业，我们再现了离去的一幕，也许离去之日不会有夕阳，也许脚踏之路不会是坦途。1931年9月18日，让埋在他心中的革命种子生根，发芽，成长，我们试图从一个全知视角，为观众展现个人与国家命运的紧密联系。

情景再现作为纪录片的重要创作方法，就是基于真实的虚构。演员、道具、场景、氛围是人为虚构的，而这些都来源于对蒋南翔先生的敬佩之情，对曾经饱受沧桑的中华大地的悲愤之情。

人类在社会中被赋予的各种身份，是我们跨越时间、空间，读懂一个人的重要渠道。驻足在清华校园中蒋南翔先生走过的林荫小道，徘徊在清华学堂他奋笔疾书的地下室，水木清华前身着灰布袍的背影，这些虚构的真实，印证着"槛外山光历春夏秋冬万千变幻"，展现着"窗中云影任东西南北去来"。我们尝试用真实的环境，跨越百年，去寻找真实的蒋南翔先生，作为学生身份的蒋南翔先生。

我们无法情景再现"一二·九"运动中抗日救国的请愿游行，但我们尝试感受蒋南翔先生得知国民政府不断妥协的悲愤心情。慌张的脚步，昏黄的灯光，一支笔，一叠纸，一滴泪，是我们想象中的那一晚。

真实与虚构再一次混为一团，创作过程中，主创人员不断交谈，询问自己记录真实与虚构的比例与程度。但似乎只有观众的感受，能够为我们的疑问提供一个答案。

蒋南翔先生"一二·九"运动后的出走，成为我们情节设置中的激励事件，从1936年的离开，到1952年的归来，清华校园似乎一切都没有变，但蒋南翔先生的身份从进步学生，变为清华的校长。解说词中寥寥几句，叙述了16年间的过往，其间的颠沛流离变成了缓慢且坚实的步伐。

我们情景再现了1952年12月31日，一个身穿灰蓝大衣手提箱子的身影，从服装到道具，到演员的心理建设，我们尽量让能控制的部分靠近真实，力求通过外在的真实，能够展现蒋南翔先生归来清华时的复杂心情。

清华校史馆中留存的蒋南翔先生的各种资料，作为历史的见证，供更多的人了解这位百年巨匠的功绩。而纪录片用影像的形式，再现历史，希望在这个以视觉化表达为主体的今天，能够凭借影像的传播力、表现力，展现蒋南翔校长在清华实行的各项举措。

虚拟引擎作为此次创作的亮点，通过现代化的表现手段，再现蒋南翔先生深夜工作场景。这是我们此次创作的重点以及难点，为了保证动作捕捉的准确性，场景、道具、服装建模的真实性，我们前往上海，当面与数字人团队沟通分镜内容、修改动作捕捉的细节，力求通过最新的技术手段，使观众感受到真实。

关于校长的身份，我们采访的清华大学原党委书记方惠坚老师、作为同事的彭珮云同志和张保庆同志，从各个侧面叙述蒋南翔先生为中国教育付出的努力，几近哽咽的彭老让我们感受到蒋南翔先生所展现出来的强大的个人魅力。

从建立核能与新能源技术研究院，到1964年我国第一颗原子弹爆炸；从鼓励同学们"真刀真枪做毕业设计"到如今密云水库的烟波浩渺，碧波荡漾，这些为后人记载的伟绩，成为蒋南翔先生的成绩单。

在戏剧中常有"嵌套"现象，例如文艺复兴时期意大利薄伽丘的小说《十日谈》，我们称其为"戏中戏"，它是戏剧结构中的一种特殊类型。戏与戏中戏的"互文"关系，往往会产生和碰撞出第三种意味。在创作中，我们利用清华美院的学生纪念蒋南翔先生诞辰110周年的美术创作，以及剧组邀请的知名画家对于蒋南翔先生的形象重塑，作为我们戏中戏的拼贴，构成平行推进、独立发展的关系。观众在对蒋南翔先生认知逐渐清晰的过程中，绘画的形象也逐渐清晰明了。重塑大师形象，不仅体现在纪录片影像文本中，也体现在绘画创作的文本中。

从学生到校长，身份的转变让我们有一条明晰的线索，向观众展现蒋南翔先生的形象，这作为一条明线成为我们叙述的情节线；而父亲的身份，成为我们叙述的一条情感线。蒋南翔女儿蒋延佳老师对于父亲的回忆，成了抒情的主要着力点。蒋延佳老师采访过程中引用张克澄先生在其文章《我的父亲母亲》中的一句话，让我颇为触动："父母像一本书，不到一定的年纪读不懂；当能读懂时，他们已远在天国。"蒋延佳老师口中的蒋南翔先生，是典型的中国式父亲的形象。对于父亲身份的展现，让蒋南翔先生的形象，更为圆满。

蒋南翔是谁？这个问题，直到如今，作为创作者，我们似乎给观众提供了一个答案。他是一个进步的爱国学生，是一位身体力行的清华校长，是一个恪尽职守的教育部部长，是一个严肃又慈祥的父亲，是一位值得我们用纪录片去讲述的一位伟人。我们试图让观众理解这位百年巨匠为我们留下的伟绩。

片尾数字人制作的片段中，林荫小道上一位向光缓缓前行的老者，是我们想象中的蒋南翔先生从时代舞台的落幕，转身的挥手与道旁传来的蒋南翔小学入队仪式上的少先队队歌，也许是跨越时空、展现传承的最好证明。

图书在版编目（CIP）数据

蒋南翔 / 陈宏，曾丹，雅琼编著. -- 北京：外文出版社，2025.4. --（百年巨匠）. -- ISBN 978-7-119-14044-5

Ⅰ . K825.46

中国国家版本馆 CIP 数据核字第 2024DN0958 号

总 策 划：胡开敏　杨京岛
统　　筹：蔡莉莉
责任编辑：祝晓涵
封面设计：北京夙焉图文设计工作室　子　旃
正文制版：魏　丹
印刷监制：章云天

百年巨匠·蒋南翔

陈宏 曾丹 雅琼 编著

©2025 外文出版社有限责任公司
出 版 人：胡开敏
出版发行：外文出版社有限责任公司
地　　址：北京市西城区百万庄大街 24 号　　邮政编码：100037
网　　址：http://www.flp.com.cn　　电子邮箱：flp@cipg.org.cn
电　　话：008610-68320579（总编室）　008610-68996167（编辑部）
　　　　　008610-68995852（发行部）　008610-68996185（投稿电话）
印　　刷：鸿博昊天科技有限公司
经　　销：新华书店 / 外文书店
开　　本：710mm×1000mm　1/16
装　　别：平装
字　　数：200 千
印　　张：15.5
版　　次：2025 年 4 月第 1 版第 1 次印刷
书　　号：ISBN 978-7-119-14044-5
定　　价：58.00 元

版权所有　侵权必究　如有印装问题本社负责调换（电话：68996172）